市民と武装

アメリカ合衆国における戦争と銃規制

小熊英二
Oguma Eiji

慶應義塾大学出版会

市民と武装——アメリカ合衆国における戦争と銃規制

目次

市民と武装

——アメリカ合衆国における「武装権」試論

一九九二年一〇月一七日、アメリカ合衆国ルイジアナ州の町バトンルージュで起きた留学生の死は、彼の出身国である日本で大きなニュースとなった。

この事件は、ハロウィーンの夜に間違った家を訪問した留学中の日本の高校生が、その住人に玄関先で射殺され、加害者は現地の陪審裁判で無罪となったというものである。日本での報道は、被害者の両親が「銃なきアメリカ」をもとめる署名運動を訴えたため、アメリカ社会における銃規制のあり方についての論議に発展した。この銃規制問題は、アメリカ社会での度重なる犯罪の発生や銃購入規制法案の検討などにより、関心を集め続けている。

アメリカでは、憲法修正第二条により、市民の武器携帯の権利を規定している。本稿の目的は、まず憲法修正第二条の思想的起源に関する研究をとりあげることを通じて市民武装の理念を把握し（I）、さらにその理念の問題点を歴史的に探ることによって（II・III）、それらを一つの題材としながら、近代市民社会の論理を再検討することである。

記述においては、努めて歴史的・具体的な事実を題材として論旨を展開した。それは、本稿の読者が近代社会を見直す視点を獲得するにあたっては、具体的な事実を知るほうが有益さに富んでいると判断したからにほかならない。そうした手法の面において近い研究としては、歴史学や技術史の成果を駆使した、R・カイヨワの戦争論などが挙げられると思われる。(1)

検討の過程でとり挙げられる諸問題については法学・思想史・技術史・社会史などに先行研究があり、本稿もその成果に依拠しつつ叙述されるが、それらを包括的・相関的に論じたものは管見の範囲ではみあたらない。もとより本稿は、この巨大なテーマに〝正しい〟解答を与えようという試みではなく、ただその所在を指し示すための、不完全なラフスケッチにすぎない。

I　憲法修正第二条とその思想

バトンルージュ事件を契機とし、日本でもアメリカの銃規制問題に関する議論が台頭したが、その一つの典型としては、憲法学者である森英樹の以下のような見解が挙げられるだろう。(2)

服部君のご両親が愛息を失った悲しみを押し殺して、「銃なきアメリカ社会」を求める署名を訴えられたのは、まさしく事件の核心をついている。ご両親の行動は崇高ですらあると思う。

そもそもアメリカ合衆国が、武器を持つこと、持ち歩くことを憲法上の「人民の権利」としている（憲法修正第二条）のは、連邦政府にたいして州が独自の民兵組織を持てるための規定にすぎなかった。それが「人民」個々人の「権利」としてひとり歩きしてきてしまった社会が、いまようやく、静かに告発されはじめているのである。……

日本の憲法が、もう軍事力を持つな、おびえの原因をなくそう、といっているのは、市民生活ではごくあたりまえの悲劇防止策を、国際関係にあてはめようとしたものにすぎない。

さて、ここでも言及されているアメリカ憲法修正第二条とは、以下のようなものである。

A well regulated Militia, being necessary to the security of a free State, the right of the people to keep and bear Arms, shall not be infringed.

この二百年以上前に書かれた条文は、最高裁で争われた回数も史上わずか四件で、他の条項にくらべきわめて少なく、事実上の死文とさえいわれていた。だが、クリントン政権が銃所有の規制（gun control）を政策課題に加え、一九九三年に史上初の連邦レベルでの銃購入規制となるブレイディ法案が通過したことなどで、ふたたび注目を集めている。

規制推進を主張する側は、森と同じく、条文中の民兵（Militia）の部分に注目する。すなわち、この条文は独立革命当時において活躍した州民兵組織を念頭においたものであり、今日においては時代錯誤の代物だ、というわけである。

この見解をもつI・ブラントは、この条項は州民兵に連邦が介入することを禁じたものであり、したがって個人が武器を所有する権利を保障したものと解釈することはできないと論じた。一九六七年の大統領委任調査レポートや、政治家では民主党の重鎮エドワード・ケネディなどが、同様の立場をとっている。(3)

一方、規制反対側は、条文中の〝人民の武装権〟(the right of the people to keep and bear Arms)を強調する。その急先鋒の団体は、元大統領ジョージ・ブッシュを会長としていたNRA(National Rifle Association)である。

NRA発行の雑誌『アメリカン・ライフルマン』の毎号のタイトル頁には、「NRAはアメリカの伝統である武装権を守る先頭に立つものであり、法とともにある全市民が、武器を持ち合法的に使用する権利があるものと信ずる」と明記されており、議会への活発なロビー活動をはじめ政治的影響力も無視できない。銃規制反対のステッカーなどに見られるスローガンは、次のようなものだ。「銃が非合法化(outlawed)されたなら、無法者(outlaw)だけが銃を持つ」「ヒットラーはまず銃の登録から始めた」。こうした意識は、法学者の解釈とは別に、アメリカ市民にそれなりに浸透している。

実際には、この憲法修正第二条が生れた当時の事情は、この双方の主張どちらからも微妙にずれている。以下で、その思想的・社会的背景を見ていこう。

R・シャルホープは、憲法修正第二条の思想的背景は、一六世紀から一八世紀にかけての、近代自由主義にあるという。[4] 彼によれば、その元祖はマキャヴェリである。

マキャヴェリが傭兵による職業軍隊を退け、市民軍を賞揚したことはよく知られている。金銭で雇われる身分だった当時の傭兵は、士気や規律、忠誠心に乏しかった。彼らの多くは外国人であり、俸給しだいでどの主人にも仕え、金が切れれば略奪を行なった。受け取った俸給以上の行為、すなわち戦場で命を投げ出す勇敢さなどは傭兵に期待するべくもなく、最小限の働きで最大限の報酬を得ることが彼らの目的だった。

こうした傭兵があてにならないことを痛感したマキャヴェリは、経済的に自立した自由市民が、自らの意志で武器をとって参集する市民軍を構想した。自分の財産で普段の暮らしを営む市民は、金銭的腐敗にさらされることもなく、また俸給を支払うコストもかからない。彼らは自分の土地と国家を外国人の侵略から守るために、高い士気をもって戦うだろうと考えられたのである。

ただし留意すべきなのは、この場合の市民たちの武器は、国家から与えられるのではなく、基本的に自弁を理想とすることである。市民軍の本質は、個々の市民が経済的に自立している、ということにある。それゆえ収賄の危険がないばかりでなく、隷属や強制からでは出てこない自発的な士気を期待できるのだ。それゆえ、武器は上から与えられるものであってはならない。こうして、武装の権利と市民の自由は不可分の関係となったとシャルホープはいう。

こうした構想は、共和制を守るものは、経済的に自立した武装自由市民であるという考え方である。こうした思想は、貴族による独裁的圧政が、腐敗した傭兵および常備軍によって守られているという図式と対をなして、その後に定着してゆくことになる。

しかも、さらに付け加わったものがあった。それは、専制は市民から武器を奪い、自らの手兵のみを武装させるという図式であった。すなわち専制は、市民が政体を変革したり政治に参画することを避けるため、市民を安全にするという口実のもと、市民から武装を奪おうとする。この点を専制と共和制の違いとして強調した論者として、シャルホープはジャン・ボダンを挙げている。

こうした武装観は、自由主義思想と調和しやすいものであった。なぜなら自由主義は、市民の自由を称え、権力をやむを得ざる必要悪として制限しようとする思想だからである。

一七世紀イギリスの思想家ハリントンによれば、土地が君主や貴族によって独占されていた時代は傭兵や貴族が軍の主力となるが、共和制では土地を所有して自立した市民は自らの財産を守るため武装しており、こうした人びとによって市民軍が編成される。イギリスの自由主義思想家たちにとって、権力の保護なしに自身を守れること、国家の防衛のため参集できることは市民の必要条件であり、それゆえ武装の有無は隷属人と自由人を区別する目印であり、政治参加の最低資格であった。

だが実際には、彼らの描いた武装した市民は、イギリスには見出せなかった。その代りとして理想化されたのは、アメリカであった。アメリカは、人びとが腐敗した権力と文明にいまだ侵されず、豊富な土地を開拓する独立自営農民の国であると思い描かれたのである。

それゆえバークやプライスは、権力の提供する安全に慣れきって武装を忘れてしまったイギリス人と、自力で秩序と平和を保つアメリカ人を、対照的存在として描いた。プライスによれば、「自由の国は、よく組織され、訓練され、法を執行し暴動を鎮め平和を保つため参集する用意を常に怠らない、武装した市民の集団でなくてはならない。私が聞くところでは、それこそまさに、アメリカの市民なのだ」というのだった。

こうした思想は、アメリカ建国の中心人物たちにも共有されていた。シャルホープは、ジェファソン、マディソン、ワシントンなどを引用しながら、そのことを例証している。彼らはアメリカを、人民が旧大陸の圧政から逃れ、人びとが自由を享受している地球上最後の地とみなしていた。そして武装を奪うことは、人民を恐れる圧政者の行為であり、自由の国は、よく組織され武装した人びとの自発的意志によって守られなければならない。自然のなかに生きるアメリカ市民は幼少時から銃を扱うことに慣れている。したがって、「市民の武装によって危険になるのは、政府であって、社会ではない」というのだった。

シャルホープの議論に補足していえば、武装権の思想は一種の最小権力への指向であり、反軍思想でもあるということである。武装した市民の民兵に対比されて批判されたのは、外国人傭兵をはじめとした常備軍だった。フランス革命時にバスティーユから市民を銃撃したのがスイス人傭兵部隊であったことに象徴されるように、それは市民に銃を向ける圧政権力の道具であり、戦争を商売とし戦争を待ち望む勢力でもあった。

カントが『永遠平和のために』で全廃を提唱したのは、このような常備軍であった。カントは常備軍と市民武装を区別して、「人を殺したり人に殺されたりするために雇われることは、人間が単なる機械や道具としてほかのもの（国家）の手で使用されることを含んでいると思われるが、こうした使用は、われわれ自身の人格における人間性の権利とおよそ調和しないであろう。だが国民が自発的に一定期間にわたって武器使用を練習し、自分や祖国を外からの攻撃に対して防備することとは、これとはまったく別の事柄である」と述べている。そのほかマックス・ウェーバーも、その著作『都市』において、自弁の武器を備えていたことが、東洋の専制下と異なり、西洋の都市で「王権から自立した市民共同体」が成立しえた理由の一つとして挙げている。[5]

独立戦争の相手であるイギリス軍にも、大陸で雇われたプロシャ人傭兵が多数含まれていた。独立宣言には、イギリス王がアメリカに対して行なった圧政の実例が列挙されているが、そのなかには、議会の同意なく常備軍を置いたこと、軍部を文官より上位に置いたこと、外国人傭兵を送り込んだこと、無数の官職を設け役人を派遣したことなどが述べられている。[6] それに対しアメリカの民兵部隊は、戦時のみ故郷と共和国の大義(home and just cause)を守るため自分の武器を持って参集し、戦争が終われば解散して日常生活にもどることを理想とするのである。

だが武装権を支えた思想は、これだけではない。修正第二条の背景として自由主義を強調するシャルホープに対し、アメリカの異なる伝統に着目するのがD・ケイツである。[7]

ケイツによれば、アメリカ建国当時の市民の広範な武装は、個々人の自由意志だけで成立していたのではない。先住民や自然の脅威にさらされていた植民者たちの開拓共同体にとって、構成員の武装は権利というよりも、共同体の防衛に不可欠な義務だった。

そのためアメリカ独立以前の一七世紀半ばから、ヴァージニアでは家長の武装を要求しており、貧しくて銃が買えない場合には政府が供給することを法で定めている。武装の有無のチェックの場となったのは当時の共同体の中心だった教会で、毎日曜の礼拝に銃を持参することが求められていた。

また同時期にマサチューセッツでは、非武装の市民には課税することを決めていた。共同体に防衛で貢献できないならば、税を支払うという別のかたちの貢献を、というわけである。そして一七九二年には、連邦議会が、軍務年齢の市民は全員武装することを要求したのだった。

思想的背景においても、ケイツは、シャルホープと違う伝統に光をあてる。それは、建国の父たちの時代の教養の中心だった、ギリシャ・ローマの古典思想である。

古代アテネ社会は、自由市民の自弁武器による重装歩兵隊を軍隊の中核としていた。そして青年には、二年間の軍務に服したのちはじめて、民会の参加資格が与えられた。逆に軍務に参加していない女性には、参政権がなかった。ソクラテスは三度にわたる従軍経験をもっており、ケイツによれば「アメリカ建国の父たちは、アリストテレスから、僭主の基本的性格は『人民を信頼せず、それゆえ彼らから武器を奪う』ことだと学んだのだ」という。

なお補足として付言すれば、常備軍を設けず市民による民兵防衛体制と直接民主制を現代でも維持していたスイスでは、一九七一年まで女性に参政権がなかった。また女性にも兵役が実施されているイスラエルでは、女性閣僚が世界に先駆けて誕生している。

さらに、古代ローマはその共和制の全盛期においては、自営農民による市民兵を防衛の主体としていた。ところが帝政期には、自営農民は大土地経営に圧迫され都市無産層となり、軍も職業兵士の集団へと変質し、権力を狙う将軍の私兵と化していった。この図式が、建国時のアメリカと旧大陸の対照に重ねられやすかったことは、いうまでもない。

ケイツによれば、「彼ら〔アメリカ建国期のリーダーたち〕にとって、古代ギリシャとローマは歴史上達成された文明の最高点であった。そしてそれに続く残虐な圧政の長く暗い時代から、彼らの時代においてもなお、人類は立ち直ろうとしている途上だった」。それゆえ、自己の権利と共同体を守る武器を持つという「古代の特権と義務」の復活は、当然のことだったというのである。

あえて整理すれば、武装権の根拠として、シャルホープは個人と所有権を重視する自由主義、ケイツは市民コミュニティに依拠する民主主義に注目したといってよいだろう。おそらく、両者の見解はべつに矛盾するものではなく、それぞれ同じアメリカの伝統的理念のなかから、二つの側面を強調した結果と思われる。

両者が共通の前提としているのは、建国当時のアメリカ社会が、独立自営農民を中核とした比較的均質なコミュニティ（開拓共同体）の連合によって成り立っていたということである。そこには貴族と平民といった階級分化も民族対立も少なく、個人の権利追求とコミュニティの共同性はまだ乖離しておらず、したがって複雑な利害調整や治安維持を行なう政府権力も、最低限しか必要とされていなかった。だがこうした前提条件から生れた武装権の思想は、以下の章で検討するような問題点を露呈させてゆくのである。

Ⅱ　無制限戦の開放

自らの武装で身を守る、自由で自立した市民。だが、そうした市民から構成される社会の問題を考えるうえで参考になるのが、独立戦争におけるアメリカ民兵の戦闘ぶりに関する評価である。

軍事史から見た場合、アメリカ独立戦争の特徴として挙げられることが多いのは、散兵戦術

の出現である。エンゲルスは『反デューリング論』において、以下のように述べている。(8)

その当時の歩兵は厳格な訓練を受けていたものの、まったく当てにならぬ、棍棒でようやくまとめておくことのできた、王侯の傭兵から成り立っていて、社会のもっとも堕落した分子や、またしばしば強制徴用した敵の捕虜から構成されていた。そして、これらの兵士がこの新式の銃を使用することができた唯一の隊形は、横隊戦術であった。……アメリカの独立戦争では、このぎこちない横隊に対して反乱者の隊が立ち向かった。これらの隊たちは教練は受けていなかったが、それだけに彼らの施条銃での射撃は上手であって、自分たち自身の利益のために闘っていたから、傭兵軍のように脱走することもなく……散開した急速に移動できる狙撃兵群をつくって掩護物になる森林のなかで応戦した。ここでは横隊は無力で、目に見えない、手のとどかない敵に敗北してしまった。

エンゲルスがここで論じている問題は三つある。一つは軍事技術の進歩の問題であり、さらにそれがもたらす戦法（隊形）の変化、そしてそこに参加する人間の意識である。

まず、技術の問題から見てゆこう。エンゲルスはこの引用の前で、軍事技術が社会の進歩の要因となったことを記述している。火砲の発明は、絶対的な存在だった中世の城壁を打ち壊し、近代への幕開けを告げた。火薬と銃砲の生産には工業と貨幣が必要であり、それを持っていたのは封建貴族ではなく、都市の市民だった。そして、軍事的には素人の市民も、小銃によって歴戦の騎士を打ち倒すことができたのである。このエンゲルスの技術観――先端技術は硬直した旧勢力のものではなく市民のものであり、市民はそれを利用して彼らと闘うことができる――は、現代でも、例えばメアリー・カルドーの軍事技術批判や、(9) コンピュータネットワークを利用した市民運動の理念などに受けつがれている。

エンゲルスの前述の引用で触れられている施条銃とは、銃身内部にらせん状の溝（ライフル）を刻みこんで発射時に弾丸を回転させ、弾道を安定させるライフル銃のことである。(10) この当時、イギリス軍側が主に使用していたマスケット銃は、銃身内部にライフルがない滑空銃で、有効射程は五〇メートルほどでしかなく、命中率も低いうえ装填が難しく、発射速度はせいぜい一分間に二発程度であった。そのため戦法としては、互いの肩が触れあうほどに密集した横隊を組み、隊形を保ったまま太鼓にあわせた規則正しい徒歩で相手に接近し、指揮官の号令で一斉射撃をする、というものが定着していた。

この幾何学的な隊形を維持したまま行進することは、フーコーも論じているように、厳格な規律を要した。[11] 社会の最下層の人びとや、様々な国からやってきた外国人の傭兵たちから成る当時のヨーロッパの軍隊を、マックス・ウェーバーはバベルの塔の喩えを引用して言及している。[12]

前述のように、このような傭兵軍の兵士の士気は低かった。脱走が絶えないため、夜間行軍、兵士だけでの食料探しや入浴、そして追撃戦は制限された。貴族出身の将校の棍棒と鞭打ちだけが彼らをまとめており、フリードリッヒ大王の表現に従えば、敵よりも味方の将校を怖れるようにしなければ、たちまち野蛮化してしまう存在であった。貴族の将校には名誉、兵士には規律と服従が最大の徳であり、たいていの軍隊では一般兵士に勲章は与えられなかった。このような軍隊にとって、各個が散開して将校の監視外で戦うことは、直ちに秩序の崩壊を意味した。[13]

だが、武装した自由市民から成るアメリカ独立革命軍は違った。彼らは自分たちの「故郷と正義」を防衛するという意識のもとに、指揮官の監視や強制もなく、自発的に、各個戦闘の孤独に耐えながら戦うことができるという、近代戦に必要な資質を持った兵士たちだった。

しかも彼らが使用したライフル銃は、イギリス軍の滑空銃の三倍におよぶ射程と高い命中率を持ち、散兵戦術を技術的にも可能にした。ライフル銃は、軍用ではなく猟銃として普及していたものであり、多くの「アメリカ建国の父たち」が誇ったように、市民たちは幼少からその使用法に習熟していた。

エンゲルスが対比した、圧政のもとで自由と自発性を奪われている外国人傭兵と、民間の自弁武器であるライフル銃で戦う自立した市民という、理想化された図式がここにある。現代アメリカで武装権の擁護を主張している前述のＮＲＡ（National Rifle Association）が、単なる銃でなくライフルを団体名にしている理由の一つを、ここに見出すこともできよう。

実際には、この民兵評価は建国神話の一部として大幅に誇張されたものであり、アメリカ側もとくに後期には正規軍の育成に努めたし、民兵にも規律弛緩、脱走、身代り従軍などの行為が多くあったことは、近年の研究により明らかになっている。[14] だが、独立戦争に武装市民による民兵が大きな役割を果たしたこと、彼らの戦いぶりがヨーロッパの軍隊に衝撃を与えたことは、やはり否定しがたい。

ところが、このアメリカ民兵の戦術は、近代的な自立した市民の証であったと同時に、もう一つの側面を伴った。

彼らの戦術は、イギリス軍からは、不正で恥知らずな臆病者のやり方と映った。隊列を組み、きらびやかな軍服をまとって行進するイギリス軍に対し、各個に遮蔽物に身を隠しながら狙撃してくるばかりか、敵の将校をも容赦なく撃ったからである。当時のヨーロッパの戦争では、将校は捕虜にして相手の捕虜と交換するか、身代金を得る交渉を行なうのが通例であった[15]。その基準からすれば、アメリカ側の戦い方は、ルールを無視した残虐な殲滅戦であったのである。

この価値観のずれは、武装した自由市民の軍隊に対比される、ヨーロッパの傭兵制度、常備軍制度をどう評価するかにかかわってくる。前者を高く評価する論調についてはすでに紹介した通りなので、今度は、後者を支持するJ・フラーの議論を見てみる[16]。

フラーはその著『制限戦争指導論』を、「絶対君主の時代は、宗教戦争の廃虚の中から生れた」という言葉から始める。一七世紀の三十年戦争は、ヨーロッパに八百万人を越える死者と荒廃をもたらし、もはや戦闘によるこれ以上の被害には耐えられなくなっていた。

フラーによれば、三十年戦争中の残虐さは、マキャヴェリの生きた一五～一六世紀のイタリアの戦争とは対照的であった。フラーもまた、当時のイタリアの傭兵について述べているが、その評価はマキャヴェリとは全く異なる。

フラーによれば、傭兵たちの行なう戦争は、しごく平和なものであった。職業として戦う傭兵たちにとって、身の危険を冒して雇主の敵を殺すよりも、捕虜にして身代金を得たほうがはるかに利益になったし、今日の敵はいつ雇主に変わるかもしれなかった。そのため、彼らの戦術の基本は、戦闘をできるだけ避けながら相手を追い込んで降伏させることであり、死傷者はごく少なく、相手側傭兵との事前の妥協によって、ポーズだけの戦闘さえ行なわれた。

マキャヴェリのように、雇主から見れば、彼らの戦い方は許しがたかったかもしれない。しかし逆にいえば、これこそが、無用な死傷者を出すことなく政治的目的を達成するという、戦争のあるべき姿ともいえるのである。「こういった傭兵間の戦闘において、外国との駆け引きという考え方が根付きはじめ、また軍人の力と市民の権利との区別が見られるようになった」とフラーはいう。

フラーはそれに続いて、グロティウスやファッテルらによる国際法の理念を検討する。フラーによれば、彼らは戦争を否定したのではなく、国際的なルールに則った正規戦のみを認めて、無秩序な暴力や殺戮を制限しようとした。そこでは、不必要に敵に損害を与えることは自然法からの逸脱であり、相手国を完全に破壊するまで戦争を行なうことは論外であった。

それゆえ、国際交渉によって紛争解決や停戦がなされても、そこでは交戦国の一方だけが不正義だというような主張がされてはならない。そもそも和平条約は、妥協の産物でしかないからである。要するに、戦争は正義が不正義を殲滅する行為ではなく、ルールに沿って行なわれる政治の延長だというのが国際法の理念である。クラウゼヴィッツを崇敬するフラーは、以上のようにまとめる。

そしてこのような「制限戦争」は、一八世紀ヨーロッパの絶対王政と常備軍制度の下で実現した。たしかに常備軍は、外国人や〃社会の屑〃から構成され、貴族の士官による強圧と規律で秩序を維持している存在だった。だがフラーは、オッペンハイムの『国際法』から、以下のような文章を引用している。

常備軍の設立なくしては、法規の発達も、慣用戦法の変化も起こらなかったであろう。……戦争をヒューマニズム的にやるには必ず規律を必要とした。……また常備軍があったからこそ、軍隊の構成員と一般社会の個人との重大な差異も生じてきたのである。

フラーによれば、「一般市民と兵士を区別した理由は、三十年戦争において一般市民が恐ろしい野蛮行為の犠牲になったからである」という。もちろん、一般市民の武装は制限され、彼らの安全は職業的な軍隊と警察によって守られるとされていたことは、いうまでもない。武力は市民とは無縁の構成員から成る常備軍に預けられ、一定のルールとモラルを身につけた、選ばれた貴族により統制される。こうして暴力が社会に拡散することは防がれ、市民がその犠牲になるという事態も回避されるのである。

そしてこの制限戦争時代の戦闘は、相手を殺すことが目的ではなく、あくまで政治的目的を達成するための一手段であった。戦争の中心は、殺し合いではなく、一定のルールと礼儀に則った交渉と対話であった。軍隊同士が対峙して撃ち合ったとしても、主な目的は銃声による威嚇であり、多くの弾丸は相手の頭上を飛び越えていた、とさえフラーはいう。

フラーは制限戦争時代の典型的な事例として、一七九三年のビジゲトーネの攻囲戦の交渉の模様を挙げている。


休戦が成立し、破壊口にかけられた一本の橋が攻囲軍と被攻囲軍との間のコミュニケーションを可能にした。各陣営では食卓が並べられ、将校たちはかわるがわるお互いに招待しあった。要塞の内外のテントの中では、舞踏会、演奏会、音楽会が催された。その周囲に住んでいる人びとはみな、徒歩や乗馬や馬車などで集まってきた。各陣営から食料が持ち込まれ、たちまち一杯になった。演出家や曲芸師には事欠かなかった。それは楽しいお祭であり、歓喜に満ちたものであった。

実際のところ、フラーが挙げたこのような事例は、ヨーロッパの貴族文化の共通性と、それに依拠する対話の成立を前提としていた。上記の例でも、会食に集う双方の将校や「周囲に住んでいる人びと」は、みな貴族であろうことがうかがえる。

いまだ国民国家の成熟をみていなかった当時のヨーロッパでは、身分の格差は国境よりも激しく、他国の貴族との政略結婚は一般的だったし、自国の平民より他国の貴族のほうにはるかに親近感がわくという価値観も珍しくなかった。腐敗したヨーロッパの貴族文化と都市文化に対抗して、独立自営農民の健全さを打ち出したアメリカ建国の価値観からすれば、フラーの称える交渉の図絵も、堕落の一種としか映らなかったろう。

フラーも、ある意味でそのことに自覚的であった。彼は、イタリアの歴史家フェレーロの言葉を引用する。「制限戦争は、一八世紀の最も崇高な実績の一つであった。それは、温室植物の種類に属し、したがって貴族的かつ良質の文化の中にだけしか繁茂し得ないものであった。われわれはもはやそれを繁茂させることができない」。

フラーの見方にしたがえば、この後の戦争史は、無益で野蛮な殺戮の連続である。[17] 王朝を倒し身分制度を破壊したフランス革命が、同時に身分を越えた国民総動員と近代徴兵制の起源であることはよく言及される。そしてフラーによれば、フランス革命とアメリカ独立戦争は、イデオロギーと正義を掲げた殲滅戦の始まりであり、「野蛮主義への復帰」であった。進歩した小銃で武装した市民軍は、民主主義の名のもとに、圧政の象徴とされた傭兵軍を容赦なく射殺した。圧政と民主主義の間に、妥協も交渉も、共通のルールもありえなかった。制限戦争下で保たれていた軍人と市民の間の区別は撤廃され、市民が兵士になるとともに、総力戦が一般市民をも呑み込んだ。

もちろんフラーも、民主主義によって、市民の政治参加が増加したことは承知している。だが彼は、後年にカイヨワがその『戦争論』に引用したことで知られるようになった、「小銃の誕生が歩兵を生み、歩兵が民主主義を創り出した」という表現を用いている。すなわち、「一挺の小銃をもった人間は一票の価値をもった。そして数百万の兵士が誕生したことから、数百万の票が生れたのである」というのである[18]。

A・ファークツは、アメリカ独立戦争について、以下のように書いている[19]。

アメリカ的教訓は、ヨーロッパにおいて、将校たちによってにべもなく拒絶されたもの、すなわち「殺すための射撃」というアメリカでの実地教育であった。ヨーロッパの将校たちは、ヨーロッパの貴族階級間の階級的連帯感と近親結婚のために、たとえ敵対しあった戦列にあっても、むしろお互いに思いやりの情を抱いていた。そして彼ら自身も考えていたように、たとえ戦局に有利になりえたとしても、「名誉」という問題に固執して、なにかの「策略」に訴えることは拒絶した。このような戦争についての封建的観念には、アメリカの革命主義者たちは執着しなかった。……アメリカ人が用いた戦闘方法は、イギリス人にとっては、「野蛮を脱却した」戦争ルールに反すると思われたのである。

実際にアメリカ側は、当時の正規戦のルールに逸脱する、様々な戦法を用いた。前述した敵将校の狙い撃ちのほか、捕虜になったアメリカ将校が戦列には復帰しないと誓約して解放されたのち再び武器をとっていたことも、当時のヨーロッパの基準からすれば逸脱であった。さらには、あたかも降伏するような態度で接近して射撃したり、王党派を名乗ってイギリス陣営内に加入して戦闘時に寝返るなどの行為が行なわれたことを、ファークツは挙げている。[20] ワシントン自身も、イギリス軍の制服を着せた兵士を潜入させて、敵将を誘拐させることを示唆したことがあった。

武装した市民たちは、ヨーロッパの職業傭兵や貴族が備えていたような、武装人としての名誉や倫理の観念には乏しかった。そもそも、明確な制服もろくにまとわず、非戦闘員と外見上の区別もつきにくい武装市民の攻撃そのものが、当時の正規戦の概念からはずれていたとさえいえる。

カール・シュミットは、『大地のノモス』『陸と海と』などの著作で、一六世紀以来ヨーロッパの大陸国家が発達させていた、非戦闘員や中立国などをまきこまない国際法秩序は、英米というアングロサクソンの海洋国家の隆盛によって破壊されてしまったと述べている。[21] 彼はさらに、戦争のルールを破壊した非正規の戦闘形態として『パルチザンの理論』を書いているが、[22] 彼が海洋国家のゆえとして規定したアメリカの戦争の性格を、武装市民（≒パルチザン）の国のものとして考察することもできるだろう。旧来の戦争のルールを無視する武装した市民は、自発的な意思に支えられた激しい士気と殲滅戦の形態を持ち込み、その後の戦争の性格を一変させたのである。

一方が自由への解放、自立した市民の誕生とした事態が、もう一方からは野蛮への復帰とみなされる。アドルノなどのように、近代啓蒙と野蛮は一体のものであるという議論も可能かもしれない。もっともフラーの議論には、絶対王政下の秩序へのやや意図的とも思える賛美と、エリート主義の影がほの見える。フラーが少将の位をもつ職業軍人であることを考えれば、いっそうその議論の性質が問われよう。

だが結局のところ、この問題は、人間に自由を与えた場合に自発的に社会秩序はつくられ得るのか、それとも〝高貴なる責務感〟にもとづいた権力による自由の制限と保護が必要なのかという、社会科学のどの分野にとっても古くて新しい問いに帰着するともいえる。それは同時に、現代アメリカにおける銃所持制限をめぐる議論においても、通底するものだろう。だが、この問題には、さらに検討すべき点が残されている。それは、「人間」または「市民」の範囲に関してである。

Ⅲ 「市民」以外の者たち

市民と共同体に内在する自治能力を信頼し、市民社会の外部からやってくる特権的な権力を排することは、武装権という理念の重要な柱だった。だが、彼らが排除した外部は、実は権力だけではなかった。

ここまでの武装権をめぐる議論から抜け落ちていたもの。それは、民族的マイノリティの問題である。とくに、アメリカにおける先住民と黒人の問題は、それぞれ、自由市民による武装の持つ異なる側面に光をあててくれる。

アメリカ独立宣言は、「すべての人は平等に創られている。すべての人は創造主によって、一定の譲ることのできない権利を与えられている」との前文を持っている。だが、本文のイギリス国王非難の諸条項には、前述した傭兵部隊派遣への言及とならんで、次のようなものがある。[23]

彼は、われらの間に国内の動乱を誘発し、わが辺境の住民に対し、年齢、性別、貴賤の区別ない全面的破滅を戦争の法則とする残忍なインディアン蛮賊の来寇を誘致した。

ここで起草者は、先住民を、殲滅戦を行なう者たち、戦争のルールを知らぬ者たちとして非難している。そしてあきらかに、平等が約束される「すべての人」のなかに、先住民は入っていなかった。

そして実は、独立戦争におけるアメリカ民兵の容赦ない戦いぶりもまた、先住民との関係にかかわっていた。というのも、独立革命軍に参集した開拓民たちは、対先住民戦の経験者たちであったからである。

先住民と植民者の戦いは、ヨーロッパの戦闘とは異なっていた。彼らが武装して戦ったのは、名誉のためでもなく、制裁への恐怖や報奨金のためでもなく、自らの財産を守るためだった。条約は結ばれてもすぐ破られたし、植民者たちはそもそも先住民を、交渉の通じる相手とみなしてはいないことも多かった。捕虜になることは、しばしば殺されるか、奴隷として売られることを意味した。植民者は、文明の圏外とみなした相手に対し、だまし討ち、非戦闘員の殺害、略奪、焦土戦術など、あらゆる手段を用いた。[24] 独立戦争に参加した民兵は、こうした戦いを経て、イギリス軍と相対していたのである。

独立宣言の起草者ジェファソンは、宣言の一カ月後の私信で、先住民についてこのように述べている。[25]

こんな卑劣なやつらの力をはやく弱めるには、やつらの国の中心部まで戦いを押しすすめるほかない。いや、そこでやめるつもりはない。……われわれと開戦する道を選ぶならば、断固としてこういってやろう。おまえらの家族をわが植民地から引き揚げるのは勝手だが、覚えておくがよい。決して二度と、もとの居住地に帰れないばかりか、ひとりでもこの地上に残っているかぎり、われわれは断じて最後まで追いつめて戦うであろう、と。

この私信が書かれた背景には、独立戦争に際して、これまで敵対もしくは不安定な条約関係にあった先住民諸部族が、どちらにつくかという危惧があった。当初は〝白人同士の内輪もめ〟に対しては中立をとっていた先住民も、英米両勢力から軍事力を背景にした強い勧誘をうけ、双方に分裂した。イロコイ四部族や西部の諸部族はアメリカ植民者と戦うためにイギリス軍と同盟したため、アメリカ軍は焦土戦術で対抗した。

もうひとつ、独立宣言で「すべての人」に入っていなかった者たちのアメリカに対する離反があった。黒人奴隷である。(26) 彼らの場合は先住民と異なり、同盟・条約関係を結ぶような外敵ではなかったが、アメリカ社会の内部にありながら市民とは認められないという境界領域に位置する存在であった。

一七七五年一一月、イギリス側のヴァージニア総督ダンモアは、「武器をとるすべての年季奉公人、黒人、あるいは他の人々ができるだけ早く国王の軍隊に参加するなら、自由を与えることをここに宣言する」と発表した。これをうけて大量の黒人奴隷がイギリス側に逃亡し始め、アメリカ側は大きな衝撃を受けた。というのも、独立派は入れ違いに、黒人を兵士に徴募しないよう通達したばかりであったからである。

この事件は、武装権を考えるうえで、大きな問題をはらんでいる。なぜなら、武装権は自由な市民のものであり、したがって奴隷、さらにはしばしば自由黒人にさえ、その権利はなかったのである。

やや時代が下るが、奴隷の身分規定を詳細に明文化したものとして、南北戦争以前の南部の奴隷条項がある。(27)五人以上の集会の禁止、逃亡や暴動の処罰規定、移動の制限、犬を飼うことの禁止などのほかに、銃と火薬の所持禁止と、財産の所有および商取引の禁止が明記されていた。この最後の二つの条項は、実は相互に切り離せない関係を持っている。

武装の禁止は、単純に反乱の防止策の側面をも持っているが、単にそればかりではない。奴隷の法的地位は、所有者の財産であった。財産が、財産所有の主体となることはできない。そして、武装権の最大の根拠は、自由市民が自己の安全と諸権利、そして自己の労働の成果としての財産を自然権として防衛することにあった。具体的には、独立自営農民として労働し開拓した農地（もとは先住民の土地である）を、〝野蛮なインディアン〟から防衛することが最大の要目となる。

ところが、奴隷は所有者の意向で自由に処分できなければならない財産であり、彼の労働は本人のものではなく所有者のものである。それゆえ、彼にはその権利と財産を守る武装権はありえなかった。したがって、奴隷は軍の戦闘部隊には原則として加入できなかった。また政府にとっても、奴隷を徴用して戦死させた場合には所有者の私有財産破損になるので、補償をせねばならない。[28] 市民兵なら、その必要はないのである。

また、武装権と民兵制度のもうひとつの源であった植民共同体の防衛という原理からいっても、黒人は排除された。均質な開拓農民共同体にとって、異質な者はむしろ防衛の障害であった。

白人植民者には武器携帯を義務付けていたマサチューセッツやコネティカットなどでも、一七世紀半ばから黒人が民兵の兵役から除外されていた。そもそも独立革命の思想的起源ともみられるアテネ社会も、外国人を厳しく排除する社会であり、奴隷が重装歩兵隊に入ることはおろか、植民地出身者が平等な市民権を得ることさえほとんど不可能であった。しかも原理的には、もし黒人に防衛を担わせて共同体に貢献させたならば、参政権を付与しなければならなくなってしまう。

独立戦争開始直後から、独立派の安全保障委員会は、自由黒人はまだしも、奴隷を軍に加入させることは「元来の原理に矛盾する」と位置付けた。一七七五年七月にはさらに進んで、ワシントンが開催した戦争評議会から、「政府軍からの逃亡者、無宿者、黒人、浮浪者、アメリカの自由の敵であるとの疑いのある者、あるいは一八歳以下の者」は、いっさい徴募してはならないと命令が出された。武装した自由な市民から成る軍隊に、このような者たちがいてはならなかった。すでに軍に服務中の自由黒人を除隊させる動きが始まり、一〇月にはいっさいの黒人の拒否が戦争評議会で決定された。

だが、イギリス軍は、まさに上記のような〝社会の屑〟や外国人傭兵から構成されていた。彼らにとって、黒人奴隷が〝バベルの塔〟に加わろうと、いっこうに問題はなかった。同年一一月のイギリス側の黒人の国王軍への参加を促す宣言は、こうして発せられた。

この局面に関する限り、均質な市民の共同体に依拠する自由民主主義よりも、身分制で雑多な人間たちをまとめていた王政のほうが、多様性に寛容であるという皮肉な事態が出現したのである。このことは、王政下の多民族帝国から、共和制下の国民国家への移行という歴史とパラレルといえなくもない。いわば、市民社会から排除された権力とマイノリティという二つの外部が、ここに連合を形成したのである。

奴隷のイギリス軍への大量逃亡は、アメリカ側に動揺をもたらした。一二月には、ヴァージニア会議が一〇日以内に仕事に帰った奴隷は処罰から許されると宣言し、翌一七七六年一月には「忠実に勤務した」自由黒人に限り軍隊復帰が認められたが、それでも奴隷の逃亡は止まらなかった。

一方でイギリス軍に参加した黒人にとっては、降伏は再奴隷化か処刑を意味した。そのため彼らのなかには、イギリスが手を引いた戦後三年がたっても、「国王陛下の兵士」を名乗りアメリカ軍の掃討に抵抗を続けた者たちがいたという。

そしてついにニューヨーク州が、軍に徴募された白人の身代りに黒人を代理勤務させることを可能にする法律を制定したのを皮切りに、一七七六年から七八年にかけて、各州が特別立法や政令などで、奴隷と自由黒人の軍隊加入をなしくずしに認めていった。最終的に、およそ五千人の黒人が、独立軍に参加したとされている。

だが問題は、奴隷徴集の場合におけるその所有者への補償と、服務後の身分をどうするかであった。自由市民の軍隊に加わり防衛に貢献した者を再び奴隷にすることは、さすがにはばかられたのである。

一七七九年、最後まで黒人を兵士にすることに反対し続けていたジョージアとサウスカロライナの二州に対し、大陸会議は奴隷を軍に徴募するよう勧告し、一人につき千ドル未満の所有者への補償と、軍務終了後には五〇ドルを当人に与えて自由にすることを条件とした。二州は即座にこれを拒否したが、ワシントンは「目的のために何もかも喜んで犠牲にしようとしたあの自由の精神」が残っているならば、この戦時供出に応じるべきだと非難した。結局、戦後にヴァージニアなどいくつかの州が、独立戦争に従軍した奴隷に自由を与えることを正式に立法化したが、無条件には自由を得られなかった元黒人兵士も少なくなかったという。

アメリカ独立後、奴隷解放は北部諸州から漸進的に行なわれたが、軍隊への加入と武装権の付与は、参政権とならび最後まで争点となった。一八三四年、テネシー州で奴隷解放が審議された際の事例では、抱き合わせで「州の自由な白人は自衛のため武器を所有し携帯できる」との武装権規定案が提出され、「自由な白人」という言葉を「市民」に入れ換えるという反対動議は否決された(29)。

また一七八一年にニューヨーク州は、奴隷黒人を軍に入れる場合は「武器ではなく、かわりに彼らが自弁できるシャベル、鋤、クワ、ツルハシを持って」参加させるとした。この例に限らず、多くの場合に黒人が軍で配属されるのは、武装を伴う戦闘部隊ではなく、補給部隊、工兵隊、コック、軍楽隊、海軍のボーイなど、奴隷の仕事とされる労役や給仕、芸人などの延長の任務であった。総体の人数もまた制限され、長期航海の生活状態が悪かったため一般から人員が集まりにくかった海軍でさえ、一八三九年の通達で黒人の比率を五%未満に抑えるように命じており、エリート部隊の海兵隊は第二次大戦までいっさい入隊を認めない原則をとっていた(30)。

したがって皮肉なことに、武装の獲得と防衛への参加は、黒人解放運動の目標の一つとされるという性質を持つことになった。一八五五年に出版された『アメリカ独立革命の黒人愛国者たち』は、アメリカ黒人によって書かれた初の学術的歴史書と評価されているが、そこでは黒人がいかに独立戦争に貢献したかが強調されている。そしてこの本の終章である「現状と展望」では、一七九二年に連邦議会が民兵の構成員を自由な白人に限ると決定したことを黒人への侮辱と位置付け、「地上の他のいかなる政府も、その市民の一部に、国防への参加を禁じたりなどしていない」と主張している。[31]

この種の黒人史の描き方は、その後も確固とした流れとして続くことになった。黒人史の一つのスタンダードであるJ・フランクリン『アメリカ黒人の歴史』でも、いかに黒人がアメリカの対外戦争に貢献したか、それにも関わらず差別されたかの描写が重視されている。逆にこの著作では、先住民と逃亡奴隷が同盟してアメリカ軍と闘った一八一二〜一八年のセミノール戦争にはほとんど触れておらず、かえって黒人が対先住民戦で活躍したことのほうが強調されている。[32]

一八六一年からの南北戦争でも、戦争初期には、黒人の軍への志願は排除された。[33]この時期の北部には、黒人を武装させ戦わせることを主張した論調があったが、それは大きく分けて二種類だった。一つは、黒人にも奴隷解放のため戦う権利をあたえるべきだとする平等論者からのもの。そしてもう一つは、黒人自身が戦っていないのに、奴隷解放のために白人が犠牲を払うことは受け入れがたいという北部の奴隷制支持論者の主張であった。とはいえ、戦争初期には、市民権のない者を武装させて軍に入れることはできないという原則は生きていた。

しかしこの原則は、北軍が南部に進入して、逃亡奴隷の大群に遭遇するに及んで、困難に直面した。当初北軍の将校たちは、逃亡奴隷は私有財産である以上、持主にもどすべきだという方針をとった。だが逃亡奴隷には、南軍の陣地構築に人夫として使役されていた者が多数おり、そうでなくとも奴隷を返還することは南部の戦力を回復させる行為であった。

そうした状況のなかで、連邦下院は一八六一年七月、逃亡奴隷を逮捕し返還するのは連邦軍の義務ではないと決議した。さらに八月には没収法が制定され、所有者の同意または認知のもとに合衆国（この場合は北部）に対する反乱を助けるために使用された財産は、合法的に没収できるとした。

ところが、北軍の陣営内に逃亡してくる奴隷の処遇は、戦闘部隊にとって大きな負担となった。食糧も充分でない「戦利品置場」の死亡率は高まり、その一方で戦闘部隊からすれば、人員はいくらでも必要であった。

前線からの強い圧力の結果、一〇月に陸軍長官代理は、軍が「適当と思われる仕事に逃亡奴隷を雇う」ことを許可したが、「これは、軍事勤務のために彼らを全面的に武装させることではない」と注釈がつけられた。だが翌一八六二年五月には、前線司令官の呼びかけにより、初の黒人志願兵連隊が結成された。この部隊はすぐ解散させられたが、同年秋のリンカーンの「反乱諸州の」奴隷解放予備宣言と前後して、ついに一部黒人の兵役参加許可が出されたのである。

当初の黒人兵士の任務は、あいかわらず労役が多かったが、やがて戦闘にも参加するようになった。だが黒人は、白人兵士と一律に扱われたのではなかった。彼らは、白人の部隊に加えられたのではなく、黒人だけの部隊に隔離されて編成されたのである。そして、将校の多くは政府から任命された白人であった。この軍隊における人種隔離政策は第二次大戦まで維持されたが、ソ連によるアメリカの人種差別批判宣伝に対処して、一九四八年になって撤廃されることになる。

一方で南軍側は、戦争初期の一部の例外と、逃亡奴隷を収容した前線部隊が武装させた事例を除いては、原則的には黒人の軍での役割をあくまで人夫やコックに限定していた。そこで南軍側が直面した問題は、敵の黒人兵士を捕らえたとき、戦闘員の捕虜として扱うべきか、それとも反乱奴隷とみなすべきかであった。連邦側は前者を要求し、南部人のほとんどは後者を主張した。

一八六二年、南部連合大統領デイヴィスは、武装して捕らえられた黒人奴隷は、彼らの出身州に引き渡され州法にしたがって処理されるよう命令し、一八六四年の南北同意まで、戦時捕虜としての待遇は与えられなかった。一般に、南軍側は連邦が黒人を兵士として投入したことに激怒しており、みせしめに殺される黒人捕虜もあった。南部人たちにすれば、黒人を兵士として投入することは、市民でない者を用いて市民を殺させることであり、市民による防衛である戦争を、単なる殺戮にすりかえるものであったからである。戦争末期、白人男性人口が完全に枯渇した南部は、激論の末、ぎりぎりの段階になって限定的な黒人徴兵を行なうことになったが、実施に至らず終戦となった。

だが黒人の参加は、連邦軍(北軍)の性格に変質をもたらしていた。D・ドナルドの研究は、南北戦争について異なる視点を与えてくれる。[34]

ドナルドは、なぜ南部は敗れたのかという、アメリカ史でもっとも人気のあるテーマの一つに関して、「民主主義に死す」という題名の論文を著している。彼によれば、南部連合は連邦より民主主義的であったために敗北したのだという。

アメリカの軍隊は、独立戦争以来、自由な武装した市民によって地域ごとに編成された、民兵隊の集合体であることを理想としていた。南北戦争でも初期の段階では、南北ともに、中央が志願数を各州に割り当て、各州や地方が市民を募って部隊を編成する方式をとっていた。ところが問題は、軍隊の指揮官の選出であった。これらの民兵隊は、市民自治の原則を軍隊にも適用して、各地部隊の構成員の選挙によって指揮官を選んでいたのである。これはアメリカの民兵隊だけでなく、古代ギリシャでも行なわれていた制度であった。

こうした選挙による選出とは別に、独立戦争後期には連邦正規軍が編成され、連邦公認の将校養成学校も作られてはいた。また州知事も、しばしば将校任命権を行使した。しかし下級部隊の指揮官は、南北戦争になっても、民兵制度の慣習により選挙で選ばれることが多かったのである。

選挙によって選ばれた指揮官は、たいてい地域市民社会の有力者や指導者であった。ところが、彼らは構成員の人気はあっても、とくに南北戦争のような近代戦において、軍事的に有能とは限らなかった。しかも、次回選挙での落選や戦後の地位を考慮し、隊員に不人気な上部の作戦には部隊として同意しないというケースが続出した。隊員たちも、選挙で選んだ指揮官には、必ずしも権威的に絶対服従ではなかった。

こうした自由市民と民主的共同体の自立的傾向は、独立戦争では有利に働いた。しかし南北戦争では、戦争の様相が変わっていた。数十万の大軍団が鉄道と電信通信線で結ばれ、精巧な有機体のように動くことを要請される近代戦では、過剰な自立的傾向はかえって裏目に出はじめた。いまや戦争は、個人の勇気や意志ではなく、大集団をいかに制度的に安定して運営できるかに左右されるようになっていたのである。

この事態に対し、北軍は早くも開戦直後の一八六一年七月には将校選任試験制度とメリットシステムの導入に踏み切り、一八六三年までには指揮官選挙制を消滅させ、同年三月にはアメリカ史上初の徴兵制を導入した。ところが南軍では、試験制度の導入は北軍より一年以上遅れて実現されたものの、下級部隊での選挙制はついに終戦直前まで残ったのだった。この民主主義的制度を捨てられなかったために、南軍の軍事能力は低下し、北軍に敗れる一因となったとドナルドはいう。

それでは、なぜ指揮官選挙制は南軍において残ったのか。農村地域の南部にくらべ、北部のほうが近代化・工業化が進んでおり、メリットシステムに慣れていたことも理由として挙げられよう。

だがドナルドがその理由として重視するのは、南軍の人種的・民族的均質性である。移民が集中し、黒人を加入させていた北軍は、総参加人員のうちおよそ四人に一人が外国生れ、一二人に一人が黒人だった。ヨーロッパの専制国家からやってきた移民、奴隷あがりの黒人といった、アメリカ市民共同体の自由民主主義に染まっていないこれらの兵士たちは、たやすく上から任命された将校に服従したのだ、というのである。ドナルドは、ある北軍黒人部隊を指揮していた白人将校の私信を引用する。

彼らは従順で覚えが早い。……服従すること、とくに白人から命令されたときに服従することを叩きこまれている点で、彼らは白人兵士より明らかに優れたものを持っている。（白人の）志願兵の問題は、自分たちの好きなように行動すること、何に関しても自分流のやり方を持つことに、いつも慣れてしまっていることだ。奴らを軍律の軛にはめ込むのは、全くのひと苦労だ。ニグロのほうはその正反対だ。

ドナルドによれば、南軍の一般兵士は昔ながらの民兵の伝統を維持し、独立独歩で服従を嫌い、自分たちが選んだのではない頭越しの指揮官任命を受け入れず、選挙制を守り抜いた。だがそのために彼らは、より非民主的で権威的な北軍の、鉄の規律と効率的な組織の前に敗れたのである。ドナルドは、南部連合の墓碑には、次のように刻むべきだという。「民主主義のゆえに死す」と。

ドナルドの議論には、やや南部びいきの傾向や人種偏見が目立つきらいはあるが、注目すべき論点も含まれている。たしかに、北軍は南軍にくらべ、民族的均質性が低かった。前述のように、黒人は黒人だけの部隊に隔離されており、そこには多くの場合、白人の将校が任命されて赴任していた。もし黒人部隊内で、慣習通りに指揮官の選挙を行なえば、黒人指揮官が生れるはずだった。しかしそもそも、民兵の基礎は開拓農民共同体である以上、黒人部隊にその原則が適用されるはずはないとされたであろう。

また当時北部に流入していた移民たちは、地域共同体ごとの部隊編成という方式に準じて、戦争初期にはフランス系、アイルランド系、ドイツ系などそれぞれのエスニック集団ごとに部隊を編成して北軍に参加していた。[35]これらの部隊の連合体である連邦軍において、指揮官選挙制を採用しつづけることは、一定のリスクを伴う行為といえた。

そして移民たちの連邦軍参加の動機は、必ずしも連邦の掲げる大義名文に沿ったものではなかった。例えばアイルランド系移民のなかには、解放された南部の奴隷が北部に流入して労働市場で自分たちと競合することを恐れて、奴隷制撤廃論者の候補を落選させるために投票を組織するなどの動きも存在した。そのため、奴隷制撤廃論者の一部には、アイルランド系をはじめとしたカトリック系移民の排斥をうたうノー・ナッシング党運動で活動している人びともいたのである。また連邦軍に参加したアイルランド系移民のなかには、そこで武器の使用法と戦術を学び、イギリスから故郷を独立させる闘争に役立てようという者もあったとされている。

移民の特定地域への集中と、アメリカ社会への不同化という現象は、南北戦争後の一九世紀末から二〇世紀初頭にかけて、より大きく問題化されていくことになる。しかし、例えばミルウォーキーの町の人口の六割以上をドイツ系が占めるといった現象は、すでに起こりはじめていた。こうしたなかで、多様なエスニック集団部隊を含む連邦軍が統合を保つためには、指揮官選挙制の廃止と任命制への移行が必要だったともいえる。

その一方で、ドナルドのいうように、独立戦争当時の社会状態により近い南部連合では、指揮官選挙制を維持し、黒人の戦闘部隊加入を認めることがなかった。本稿の文脈でいうならば、均質な開拓共同体の民主主義と自治能力を基礎とした、自由で武装した市民による軍隊は、結局のところ独立戦争においても南北戦争においても、共同体の均質性を崩すマイノリティを受け入れることができなかったのである。

その逆に、絶対王政のイギリス軍にしろ、ドナルドによれば官僚主義に侵された北軍にしろ、何らかの権力によって維持される社会秩序のほうが、マイノリティを巻き込んだ体制をいちはやく構築しえた。「市民」以外の者たちの権利は、特権的な権力による秩序の安定によってはじめて、逆にいえば武装権がその本来の意味を喪失することによってはじめて、与えられたのである。

Ⅳ 「自由の象徴」と「時代錯誤」

南北戦争の過程で、アメリカの軍隊は、指揮官選挙制度の消滅だけでなく、市民の自由意志による志願制の民兵隊から、強制的な徴兵制による常備軍への転換を行なっていった。それは、反軍・反政府・反権力の思想を根拠とした、武装民兵の理念の終わりでもあった。以後のアメリカ軍は、市民による自由の軍隊という記憶の残像を、軍の正当化のために維持しつつ、二〇世紀の世界大戦の時代の主役をつとめてゆくことになる。

武装権という発想は、自己および地域社会の生命や財産を守る市民の権利を国家に譲り渡さないという思想から発しており、同時に国家への異議申し立て能力を確保するという側面をも持っている。そこでは市民は、政府が圧政に転じたならば、いつでも自己の武器を持ってそれから身を守り、闘い、倒す自由を留保している。

アメリカの軍隊が、徴兵による巨大で破壊的な官僚組織に変質してしまった二〇世紀においてもなお、こうした意識は残り続けた。一例として、小説家のパール・バックが第二次大戦中に、戦時言論制限と政府の統制に反対して書いた文章がある。それはあたかも、強盗の群れに囲まれた家の主人に向かって、加勢してやるからおまえの銃をよこせと命ずるようなものだと。[36]ここでの銃とは、安全を保護すると称する政府に対してであっても、市民が譲り渡せない権利の象徴なのである。

現代において、反権力の文脈での武装権擁護の一翼は、ほかならぬマイノリティによって担われている。一九六〇年代の黒人運動の一側面を象徴したブラック・パンサーは、その「生存綱領」第七項でこう述べる。[37]

人種主義的警察の抑圧と暴力から黒人社会を防衛することに挺身する黒人の自衛集団を組織することによって、黒人居住区内での警察の暴虐行為をやめさせることができる。合衆国憲法修正第二条は、武器携帯の権利を認めている。したがって、すべての黒人は自衛のために武装すべきである。

A・ハッカーは、一九九二年の著作『二つの国民』において、アメリカは黒人社会と白人社会の二つに分裂しているとし、「警官が来る!」という言葉を聞いたときの両者の反応という寓話を記している。白人は助けが来るのだと安心し、黒人はそうは思わないだろうと。[38] やはり一九九二年春に起きたロスアンゼルスの〝暴動〟の引金となった白人警官による対黒人暴行のビデオ映像を見たことのある者ならば、現在でもこのブラック・パンサーの綱領に一定の説得力を感じる人びとがいるであろうことを、認めないわけにはいかないだろう。現代社会では自衛のための武装は必要ないという感覚は、自らが政府の権力に保護してもらえるということを暗黙の前提にしている人間のものであり、必ずしも万人のものではないのである。

専制が市民の武器を奪おうとした歴史は、銃砲という新技術が登場したときに、とくに顕著に現れたものであった。エンゲルスが書いたように、素人の市民が容易に歴戦の騎士を打ち倒せる銃は、当時の旧支配勢力にとって大きな脅威であった。

一六世紀ヨーロッパにおいて、支配者がどれほど銃を忌み嫌い制限しようとしたかという背景抜きには、近代思想家たちがなぜ武装権を市民の自由のメルクマールとして重視したかは理解しにくい。例えば一五二八年、イギリス国王ヘンリー八世は、年間所得百ポンド以下の者の銃所有を禁じた立法を強化し、不許可の銃はその場で破壊すべしと布告した。一六〇一年には、フランス国王アンリ四世が、勅令により火薬の製造権は貨幣鋳造と同様に政府に属し、許可なく火薬を造り弾丸に仕上げた場合は死刑に処すとしている(39)。

もちろん、そうした旧支配勢力の試みは、時代の流れとともに失敗に終わった。だが、それが成功した希有な事例として知られるのが、一六～一七世紀の日本である。

N・ペリンは、なぜ日本でのみ銃規制が成功したかについての理由を考察しているが、その第一として、銃の規制を望む武士階級が、ヨーロッパより人口比でずっと多かったことを挙げている(40)。一六世紀末の豊臣秀吉による朝鮮侵攻の時点には、すでに日本の武士団の四分の一を鉄砲隊が占めるまでに銃が普及していた。そしてペリンによれば、「鉄砲隊が、本来の武士というよりも、農民もしくは郷士や地侍あがりのもの」たちであり、「鉄砲を持つ農民が最強の武士をいともたやすく打ち倒せることを認めるのは、誰にとっても大きな衝撃であった」のは、ヨーロッパと同じだった。だが、イギリスの〇・六%をはじめ、ヨーロッパでは騎士階級が人口比で一%を大きく超える国がなかったのに対し、日本の武士は八%前後を占めていた。

一五八七年のイエズス会の年次報告は、豊臣秀吉が大仏建立のため鉄を供出せよという名目で農民層から刀狩り（ペリンは、正しくは鉄砲・刀狩りと呼ぶべきだといっている）を行なったことを、「(秀吉は) 信じられないほど悪賢くて抜け目のない人物だ。宗教のためという口実のもとに民衆から武器を奪おうとしている」と述べている。一六〇七年には、鉄砲鍛冶の規制が徳川幕府により行なわれ、鉄砲製造は認可のもとにのみ可能になった。ヨーロッパの銃規制のうちいくつかの例は、対外戦争による銃装備人口拡大の必要から破れていったが、一九世紀までの日本にはその恐れもなかった。そして武装権は、帯刀というかたちで、武士のみに許される特権となるのである。

だが一六三七年の島原の乱では、反乱軍は島原領主の兵器庫から奪ったものをはじめ多数の鉄砲で武装し、鎮圧側に大きな損害を与えた。このとき松平伊豆守信綱は、火器が使われている以上、島原では武士と農民の違いはないと嘆いたという。その後、生類憐れみの令などにより、猟師をはじめ民間で銃を持つ人々は被差別者として一般民衆から切り離されていく。

だが、そうした二百年以上にわたる武装解除政策を経た後でなお、一八八四(明治一七)年に発生した秩父事件があった。自由民権派の流れを汲む困民党の指導による農民蜂起であったこの事件では、蜂起側が火縄銃を中心に約二千五百挺の銃を備えて警察および政府軍と交戦しており、この時点ではまだ民間に武装能力が残っていたことがわかる。[41] だがこうした事例を除いて、近代日本では市民による武装蜂起は皆無となり、大日本帝国では天皇家の菊の紋章を付けた軍用銃以外の存在は許されなくなるのである。
もちろん現代においては、市民が銃で武装していたからといって、それで一八世紀における蜂起のように政府を倒すことができるわけではない。福田歓一によれば、市民が自弁武器による蜂起で権力と戦うという思想は、南北戦争の五年後に発生したパリ・コミューンの敗北とともに終わりを告げたという。[42] コミューン側の蜂起以前から進められていたオスマンの都市整備計画による道路拡張はバリケード戦術を無効にし、一九世紀後期から急速に進んでいた兵器の革新は、市民の手の届かない最新大型兵器を戦闘の主役にしつつあった。これ以後、武力による革命は、国家の軍隊の少なくとも一部を味方につけることを前提にしないかぎり、先進国ではほとんど不可能になっていったのである。
市民の武装を強化することで政府と対抗することは、思想的可能性としてならありうるかもしれない。だが、技術文明論で知られるL・マンフォードは、そのユートピア思想史において、武装の自由を認めるユートピアを、機関銃と毒ガスの出現以前のものだとしている。[43]
個人の自由の臨界点を測る一つの基準は、その自由の行使により、社会にどれだけのリスクを負荷させるかのバランスである。一人の武装により数十人、数百人の人間を容易に殺せる技術が現れた時点で、市民に無限の自由を認め、それを規制する権力を設けないユートピアは、もはや夢想でしかなくなった。材料さえ手に入れば十代の少年でさえ核兵器を造れる時代に、無制限の個人武装を容認するユートピアとは、悪夢でしかないだろう。

しかも、現代において市民が政府の軍隊と同レベルの武装を持っていることがどのような事態を招きかねないかは、ユーゴスラヴィア内戦が悲惨な実例となった。一九六八年のソ連軍によるチェコスロヴァキア侵入を見たユーゴは、正規の政府軍のみならず、民間にも武器庫を備え、市民による抵抗を加味した全人民防衛体制をとった。それは専守防衛を前提としており、スイス等で行なわれている制度に近いものだったが、連邦の解体とともに、予想されなかった悲劇を出現させた。政府の統制外のそれぞれの民族派勢力が、多くの重火器を含むその武器で武装して民兵組織をつくり、抗争を始めたのである。[44]

一九二二年、アメリカにおいて民間個人用の機関銃が売り出された際の広告は、広大な牧場で盗賊に囲まれた一家の主人が、機関銃で彼らを一人でなぎ倒している図絵だった。[45]これさえあれば、警察などいらない――そうこの広告は示唆しているようにさえ見える。だが、市民社会に流れ出した機関銃によってまず実際に発生したのは、マフィア組織による流血の抗争であった。それは警察を不要にするどころか、いっそうの警察力の拡張を招いたのである。

かつては戦場の悪魔と呼ばれた機関銃も、いまやアメリカ各地で手軽に入手できるようにな

AUT-ORD-CO
The Thompson Submachine Gun
The Most Effective Portable Fire Arm In Existence
THE ideal weapon for the protection of large estates, ranches, plantations, etc. A combination machine gun and semi-automatic shoulder rifle in the form of a pistol. A compact, tremendously powerful, yet simply operated machine gun weighing only seven pounds and having only thirty parts. Full automatic, fired from the hip, 1,500 shots per minute. Semi-automatic, fitted with a stock and fired from the shoulder, 50 shots per minute. Magazines hold 50 and 100 cartridges.
THE Thompson Submachine Gun incorporates the simplicity and infallibility of a hand loaded weapon with the effectiveness of a machine gun. It is simple, safe, sturdy, and sure in action. In addition to its increasingly wide use for protection purposes by banks, industrial plants, railroads, mines, ranches, plantations, etc., it has been adopted by leading Police and Constabulary Forces, throughout the world and is unsurpassed for military purposes.
Information and prices promptly supplied on request
AUTO-ORDNANCE CORPORATION
302 Broadway Cable address: Autordco New York City

図１　トンプソン社による民間用機関銃販売広告（1922年）

った。現在、アメリカ全土には約二億二千万挺の銃があり、最低二五ドル前後で購入できる。十代の死亡のうち四分の一は銃によるもので、ある調査では、一一歳から一八歳の学生中一五%が過去三〇日中に銃を携帯したことがあり、五九%が必要なときに銃を入手できる所を知っているという。高校生の二三%が学校に銃を持ちこんでいるという数字もある。一九九〇年中に起きた約二万三千件の殺人事件のうち、六割で銃が使用され、一九八五年から八九年までに銃による殺人は一八%増加した。日本留学生射殺事件の起きた田舎町バトンルージュでも、事件前月だけで二五三件の強盗事件が発生しており、事件直前の二日間に起きた強盗事件八件のうち、二件は犯人が家人を射殺している。政府規制によらない、民間ボランティア団体による銃買上げ運動なども行なわれているが、焼け石に水の状況である[46]。

銃所持制限論者の上院議員エドワード・ケネディは、「われわれが生きている複雑な社会は、現代アメリカにおける武器の正しい在り方を考え直すことをせまっている。われわれの父祖たちは、彼らが生き延びるための不可分の要素として武器を使っていた。だが今日では、武器は合衆国の日常生活にふさわしくないのだ」と述べている。それに対し、武装権を擁護するエドワード・アビーは、こう反論する[47]。

戦車、B52、戦闘爆撃機、国家警察、そして軍隊は専制の武器だ。ライフル銃は民主主義の武器なのだ。……もし銃が非合法になったら、政府だけが銃を持つだろう。警察と、秘密警察と、軍隊だけがだ。支配者の雇われ者だけがだ。政府と、わずかばかりの無法者だけがだ。そうなったら私は、無法者の一人でいたい。

こうした反論を、単なる詭弁とはかたづけられない。個人の武装という理念は、自立した個人の自由、国家権力の制限、コミュニティの自治など、いずれも近代市民社会が正の価値としてきたものにその起源を持っている。しかもそれらは、肥大した国家権力と官僚機構に依存せざるを得ない現代において、ますます実現が困難になりつつあるものなのである。

これまで述べてきたように、この理念はいくつもの限界を抱えていた。それは、対話の技術やモラルを伴わない暴力を解放し、戦時においても平時の犯罪等においても、無意味な殺し合いを生み出した。異なる文化を持ち、経済的格差を負わされた、市民社会の外部の者たちを受け入れることもできなかった。階級や民族などが複雑な対立を織りなす現代において、福祉政策など国家権力による調停が不可欠なものになっているのは故なきことではない。

今日において、武器は規制されるべきだろうか。もちろんアメリカ社会の実状はこれ以上放置できないところまできており、すでに人びとの間でもその本来の意味が見失われている以上、かたちだけの武装権を残すことは無意味であるだろう。とはいえ、武装権の思想は、今日では忘れられがちになっている近代市民社会の諸価値の名残りであり、われわれの現在位置を問い直させるだけのものをもっている。

投票という「制度化された革命」がすでに様々な限界を指摘されているいま、銃を放棄したあと、市民の〝武器〟とは何でありうるのか。国家権力の治安能力に身を委ねるしかないとき、〝武器〟を持たずしかも自立した市民とはいかに構想しうるのか。言論の自由さえ他者への凶器となりうるほど複雑化した現代において、互いを傷つけあうことなく、しかも権力に対抗しうる〝武器〟がありえるのか。国家からさえ保護してもらえぬ者の銃を捨てさせたとき、いたずらに国家や警察力を肥大させること以外の解決策はあるのか。銃規制を実施したとしても、こうした問いは依然として残される。そしてそれらの多くは、銃による武装をすでに失っているアメリカ以外の者にとっても、共通する課題ではないだろうか。

パール・バックは、前述の文章で述べている。「銃とは何か？　それは、言論を解き放つ権利だ。批判を行ない、われわれが思うことを表現する権利のことだ」[48]と。こうした言葉に共感するべきかどうかは、意見が分かれるだろう。だが少なくとも、歴史上一度として市民の蜂起で君主を倒した経験がない国の人間が、それを一片の冷笑をもってかたづけてよいのかは、別問題のはずである。

『相関社会科学』第4号（一九九四年）

補論

現代アメリカの銃規制状況

本稿「市民と武装」を執筆したのは一九九三年であり、その後のアメリカではいくつかの事態が進展した。

注目された事件としては、一九九五年四月一九日のオクラホマシティの連邦政府ビル爆破事件がある。この爆破が民兵組織の関係者が仕掛けた爆弾によるもので、死者一六八人を出したことから、全米各地に存在する民兵組織の是非について議論が起こった。また一九九九年四月二〇日、コロラド州のコロンバイン高校で、二人組の少年が銃を乱射して一三人を殺害したあと自殺した。

これらの事件をうけて、映画監督マイケル・ムーアが映画『ボウリング・フォー・コロンバイン』を二〇〇二年に製作し、日本でも注目された。民兵組織やNRA（全米ライフル協会）なども取材したこのドキュメンタリー・フィルムを見ると、銃が自由の象徴であり、銃規制は自由の侵害であるという言説が、いまだ根強く存在していることがうかがえる。

アメリカでの銃規制の動きは、現在は停滞している。本稿を執筆した時期には、銃規制に積極的だったクリントン大統領のもとで、連邦政府が銃規制法案を検討していた。しかしブッシュ政権下になると、こうした動きは後退した。

もともと本稿にも記したように、湾岸戦争時の大統領だったジョージ・ブッシュは、NRAの会長を務めていた経緯がある。息子のジョージ・ブッシュも、一九九五年にテキサス州知事として、銃を公共施設に持ちこむことを可能にした州法に署名している。この州法は、それまでの民主党知事が拒否権を行使していたのだが、ブッシュが法案実現を公約として知事に当選したというものだった。のちにブッシュが大統領選挙に臨んだ際にも、NRAは二千万ドルの資金を注ぎこんで応援している。(1)

さらに二〇〇二年五月には、ブッシュ政権のアシュクロフト司法長官が、憲法修正第二条に新解釈を打ち出した。[ii]それまでは、本稿でも紹介したように、この条項は民兵組織に武装権を与えたもので個人の武装権を保証したものではないという解釈が法曹界では支配的だった。しかしアシュクロフト司法長官が出した新解釈は、NRAなどの主張に沿って、憲法修正第二条を個人の武器所有と携帯の権利を認めたものとみなすというものだった。

アメリカで銃規制が進まない理由の一つとしては、銃による犯罪が起こるのは都市部が多いのに対し、農村部の住民たちは「銃＝自由の象徴」という意識を保ち続けているためであるといわれる。世論調査では、男性よりも女性のほうが、銃規制を求める声が多い。

しかし二〇〇一年九月一一日にニューヨークとワシントンで同時多発テロが起きたあとは、「自衛」意識の高まりとともに、一般的に銃の売上げは上昇したといわれる。[iii]現在のアメリカでは、人口二・五億人に対し二・三億丁の銃が民間に存在し、銃が関係した死者は毎年ほぼ三万人といわれる。

近代日本における「武装権」思想

ひるがえって現代日本においては、銃規制は徹底しており、思想的な背景も論じられることは少ない。しかし明治維新から日清戦争までの時期には、軍隊についても制度が安定していなかったこともあり、ヨーロッパやアメリカの諸制度を参考に多様な議論が行なわれている。

そもそも徴兵制を開始するにあたり、一八七二（明治五）年に政府が発した「徴兵告諭」は、「世襲座食の士は其禄を減じ刀剣を脱するを許し、四民漸く自由の権を得せしめんとす」と述べ、身分を越えて徴兵を行なうことは「上下を平均し人権を斉一にする道」であると主張している。(iv) もちろんこれは政府の公式見解であったが、国民皆兵という発想が、士族の特権であった武装を、身分を越えて付与する契機となりかねない要素を含んでいることが、当時の政府にも認識されていた傍証といえなくもない。

明治期における武装権思想としては、植木枝盛の「日本国国憲案」を挙げることができる。(v) この憲法草案の第七一条において、植木は「政府威力を以て擅恣暴逆を逞ふするときは日本人民は兵器を以て之に抗することを得」と述べ、「日本人民」の武装抵抗権を認めている。

この憲法草案の特徴は、国家形態として、アメリカに似た連邦制を採用していることである。各州はそれぞれの政府を持ち、さらに連邦をまとめる「大政府」が設けられているが、第二九条では「日本各州は日本連邦の大に抵触するものを除くの外、皆独立して自由なるものとす。何等の政体政治を行ふとも連邦之に干渉することなし」とされている。

またこの憲法草案では、政府の軍隊である「常備兵」と、武装民兵である「護郷兵」を区別し、第三五条と第三六条で別個に規定している。各州はそれぞれの常備兵と護郷兵を持ち、さらに連邦政府が常備軍を持つ。ただし第三二条では「日本各州は既に寇賊の来襲を受け危急に迫るにあらざれば戦を為すを得ず」とされており、専守防衛が規定されている。また第四〇条では「日本の政治社会にある者之を日本国人民となす」としており、「日本人民」はそれぞれの地域の住民として想定されている。

植木のプランに限らず、「常備軍」と「護郷兵」を区別することは、明治期の軍制論に少なからず見られたものであった。東京鎮台司令官だった三浦吾楼中将が一八八九（明治二二）年に書いた『兵備論』では、政府の費用による常備軍には過大な予算を要することを指摘し、武装民兵による「護郷軍」のほうが経済的であると主張されている。こうした経済合理性にもとづく専守防衛の「護郷兵」構想は、鳥尾小弥太少将なども主張しており、明治中期までの軍制論の有力な一潮流を形成していた[vi]。しかし日清戦争と日露戦争の勝利のあとは、中央政府の徴兵による常備軍が既成事実化し、こうした民兵構想は衰退した。

その後に武装権の問題を提起した論考としては、丸山眞男の一九六〇年の小論「拳銃を……」がある[vii]。これはアメリカ修正憲法第二条に言及しつつ、「『国家』の自衛権」と区別される「人民の自己武装権」を論じたものである。

ここで丸山は、「豊臣秀吉の有名な刀狩り以来、連綿として日本の人民ほど自己武装権を文字通り徹底的に剝奪されてきた国民も珍しい」と述べ、「全国の各世帯にせめてピストルを一挺づつ配給して、世帯主の責任において管理すること」を試験的に提案している。丸山によれば、「これによってどんな権力や暴力にたいしても自分の自然権を行使する用意があるという心構えが、社会科の教科書で教わるよりはずっと効果的に一人一人の国民のなかに根付くだろうし、外国軍隊が入って来て乱暴狼藉をしても、自衛権のない国民は手を束ねるほかはないという再軍備派の言葉の魔術もそれほど効かなくなるにちがいない」という。

もちろんこれは一種の刺激的効果をねらっての提案であり、丸山は一方で、アメリカの憲法修正第二条にうたわれた武装権について、「政府の組織された武装力が巨大な姿に発達するにしたがって、この規定が実質的には独立当初のなまなましい意味を失って『退化』して行ったこと」を認めている。しかし同時に彼は、それが「人民の自己武装権が明文化されて今日まで残っている」名残りであることを指摘し、「そこに含まれた精神は基本的人権の御説教のみいたずらにかまびすしい現代の日本でもう少し考えられてもよくはないか」と述べている。

丸山がこうした問題提起を行なったのち、一九七〇年前後には、新左翼およびその周辺において、「革命軍」や「人民武装」などのテーマがしばしば語られた。とはいえこれらは、なかばスローガン的なものが多かったことは否めない。

こうした新左翼周辺の「人民武装」論は、連合赤軍による一九七二年の「あさま山荘事件」や、東アジア反日武装戦線による一九七四年の三菱重工ビル爆破事件などが、悲惨な結果に終わるとともに消えていった。それ以来、日本では、民間武装にかんする議論はほとんど存在しなくなったといえる。

本稿でも述べたように、武装権の思想は、現代よりは一時代前の軍事技術水準を前提としたものである。そうした意味で、個人の無制限の武装を現代において奨励することには、筆者は賛成できない。しかし丸山も述べるように、「そこに含まれた精神」の検討は、アメリカ社会を理解するうえでも、また日本を含む現代社会を見直すうえでも、有効な視点を提示してくれるのである。

註

（1） Roger Caillois, *Bellone*, Bruxelles : Renaissance du livre, 1963.（秋枝茂夫訳『戦争論』法政大学出版局、一九七四年。）

（2） 森英樹『これがＰＫＯだ』岩波ジュニア新書、一九九三年、五八‐五九頁。

（3） こうした議論については、Robert Shalhope, "The Ideological Origins of the Second Amendment," *The Journal of American History*, 69-3, 1982. 参照。ブラントの見解は Irving Brant, *The Bill of Rights : Its Origin and Meaning*, Indianapolis : Bobbs-Merrill, 1965, pp. 486f. また、本稿でとりあげた以外に憲法修正第二条の歴史的背景を論じた研究としては、Joyce Lee Malcolm, "The Right of the People to Keep and Bear Arms : The Common Law Tradition," *Hasting Constitutional Law Quarterly*, 10-285, 1983 ; Steven Halbrook, *That Every Man Be Armed*, Albuquerque : University of New Mexico Press, 1984 ; Joyce Lee Malcolm, *To Keep and Bear Arms*, Harvard University Press, 1994 などがある。Joyce Lee Malcolm の見解は、憲法修正第二条はイギリス貴族が領民を武装させて民兵を構成するための規定がアメリカに流入して残存したもので、「アメリカの自由」が起源であるわけではないというものである。この見解は注目に値

するが、憲法修正第二条を「非アメリカ的」なものと位置付けることで銃規制支持の見解を打ち出す戦略が感じられる部分もあり、本稿の検討では重視しなかった。

（4） Shalhope, *ibid.* ただし、シャルホープの思想史理解、とくにマキャヴェリを自由主義の系譜に位置付けるといった見解などにはやや片寄った部分があるとも思われるが、アメリカにおける武装権をめぐる議論の一環として、そのまま紹介した。彼がマキャヴェリ解釈にあたり依拠したのは J. G. A. Pocock, *The Machiavellian Moment*, Princeton : Princeton University Press, 1975. で、この本はむしろマキャヴェリにおけるローマ型古代共和制の要素と、それが英米の自由主義思想に及ぼした影響を述べたものである。だがシャルホープはこれを libertarian の系譜とみて、マキャヴェリが市民の経済的自立や自由を重視したとし、古代共和制については触れていない。

（5） Immanuel Kant, *Kleinere Schriften zur Geschichtsphilosophie, Ethik und Politik*, Hamburg : Verlag von Felix Meiner, 1964.（宇都宮芳明訳『永遠平和のために』岩波文庫、一九八五年、一七頁。）; Max Weber, *Wirtschaft und Gesellschaft*, Tbingen : J. C. B. Mohr, 1921（倉沢進訳「都市」尾高邦雄編『世界の名著 ウェーバー』中央公論社、一九七九年、六六六頁。）

（6） The Declaration of Independence.（高木八尺訳「独立宣言」松本重治編『世界の名著 フランクリン、ジェファソン、マディソン、トクヴィル他』中央公論社に所収。）

（7） Don B. Kates Jr., "Handgun Prohibition and the Original Meaning of the Second Amendment," Michigan Law Review, 82-204, 1983. ギリシャ・ローマの軍制については、Georges Castellan, Histoire de l'arme, n. p., n. d.（西海太郎・石橋英夫訳『軍隊の歴史』白水社、一九五五年、一一-三一頁。）

（8） Friedrich Engels, *Herren Eugen Dhrings Umwlzung der Wissenschaft*, 12 ed., Berlin und Stuttgart : Dietz

Nachf, 1923.（粟田賢三訳『反デューリング論』岩波文庫、一九六六年、下巻四一-四二頁。）

（9）Mary Kaldor, *The Baroque Arsenal*, London : Andr Deutsch, 1981.（芝生瑞和・柴田郁子訳『兵器と文明』技術と人間、一九八六年。）

（10）以下、軍事技術の進展については小山弘健『図説世界軍事技術史』芳賀書店、一九七二年および金子常規『兵器と戦術の世界史』原書房、一九七九年。

（11）Michel Foucault, *Surveiller et Punir : Naissance de la Prison*, Paris : Gallimard, 1975.（田村俶訳『監獄の誕生』新潮社、一九七七年、一四一頁以下。）ただし、フーコーが論じている規律・訓練と、本稿でいう規律とは別の概念である。

（12）Max Weber, "Die protestantische Ethik und der Geist des Kapitalismus," in *Gesammelte Aufstze zur Religionssoziologie*, Tbingen : J. C. B. Mohr, 1920.（梶山力・大塚久雄訳「プロテスタンティズムの倫理と資本主義の精神」尾高編前掲書、二七〇頁。）

（13）John F. C. Fuller, *The Conduct of War*, London : Eyre & Spottiswoode, 1961.（中村好寿訳『制限戦争指導論』原書房、一九七五年、一七-一八頁。）

（14）池本幸三「独立革命に勝利する」猿谷要編『アメリカの戦争』講談社、一九八五年を参照。

（15）同論文、七一頁。

（16）フラー前掲書、八-一四頁。以下での国際法への言及は一〇-一五頁、オッペンハイムの引用は一六-一七頁、ビジゲトーネ攻囲戦の模様は二〇頁、フェレーロの引用は二三頁。

（17）同書、二六頁以下。

（18）同書、三七頁。カイヨワの引用は秋枝訳の前掲書、六二頁。

(19) Alfred Vagts, *A History of Militarism*, London : Macmillan, 1959.（望田幸男訳『軍国主義の歴史』福村出版、一九七三年、第I巻一八四-一八五頁。）

(20) 同書、一八五-一八六頁。

(21) Carl Schmitt, *Der Nomos der Erde im Vlkerrecht des Jus Publicum Europaeum*, Berlin : Dunker und Humblot, 1950.（新田邦夫訳『大地のノモス』福村出版、一九七六年。）; Carl Schmitt, *Land und Meer*, Stuttgart : Reclam Verlag, 1954.（生松敬三・前野光弘訳『陸と海と』福村出版、一九七一年。）

(22) Carl Schmitt, *Theorie des Partisanen*, Berlin : Dunker und Humblot, 1963.（新田邦夫訳『パルチザンの理論』福村出版、一九七二年。）

(23) 前掲「独立宣言」。なお本書では、「先住民」「黒人」という呼称を採り、「ネイティヴ・アメリカン」「アフロ・アメリカン」といった呼称は使わない。「ネイティヴ・アメリカン」「アフロ・アメリカン」などは、「アメリカ人」であることを強調した呼称であり、いわば「朝鮮系日本人」（「在日朝鮮人」ではなく）に相当する呼称であって、それを採用することは「アメリカ人」の統合を重視する政治的志向を示すと考える。本書では、「普遍という名のナショナリズム」で検証しているように、「アメリカ人」としての統合という考え方そのものを問い直しの対象としているため、「アフロ・アメリカン」などの呼称は避けた。

(24) 富田虎男『アメリカ・インディアンの歴史［改訂］』雄山閣出版、一九八六年、九一-一〇二頁。

(25) 同書、九八頁。

(26) 以下、独立戦争における黒人については、John H. Franklin, *From Slavery to Freedom*, 4th ed., New York : Alfred A. Knopf, Inc., 1974.（井出義光・木内信敬・猿谷要・中川文雄訳『アメリカ黒人の歴史』研究社出版、一九七八年、八九-九七頁。）ほかに Joseph T. Wilson, *The Black Phalanx*, New York : Arno

Press, 1968, pp. 21-71 ; W. B. Hartgrove, "The Negro Soldier in the American Revolution," *Journal of Negro History*, 1-1, 1916 ; Luther P. Jackson, " Virginia Negro Soldiers and Seamen in the American Revolution," *Journal of Negro History*, 27-3, 1942 などに依った。

(27) Richard Bardolph ed., *The Civil Rights Record : Black Americans and the Law 1849-1970*, New York : Thomas Y. Crowell Company, 1970, pp. 6-10.

(28) Edwin Dorn, " Race and the American Military," in N. F. Dreisziger ed., *Ethnic Armies, Waterloo*, Ontario : Wilfrid Laurier University Press, 1990, p. 96.

(29) William L. Imes, " The Legal Status of Free Negroes and Slaves in Tennessee," *Journal of Negro History*, 4-3, 1919.

(30) Dorn, *op. cit*.; Bernard C. Nalty, *Strength for Fight : A History of Black Americans in the Military*, New York : The Free Press, 1986.

(31) Willam C. Nell, *The Colored Patriots of the American Revolution*, Boston : Robert F. Wallcut, 1855. (Reprinted by Arno Press, 1968, p. 311.)

(32) フランクリン、前掲書。

(33) 以下、南北戦争における黒人の記述は、フランクリン、前掲書、二一三-二三五頁。さらに Harvey Wish, " Slave Disloyalty under the Confederacy," *Journal of Negro History*, 23-4, 1938 ; James M. McPherson, *The Struggle for Equality*, Princeton : Princeton University Press, 1967, pp. 192-220 ; Dudley T. Cornish, *The Sable Arm : Negro Troops in the Union Army 1861-1865*, New York : W. W. Norton & Company, 1966, pp. 1-78 ; Wilson, *op. cit*., pp. 81-183 ; N. W. Stephenson, " The Question of Arming the

Slaves," *American Historical Review*, 18-1, 1913 ; Charles H. Wesley, " The Employment of Negroes as Soldiers in the Confederate Army," *Journal of Negro History*, 4-3, 1919 ; Fred Shannon, " The Federal Government and the Negro Soldier, 1861-1865," *Journal of Negro History*, 11-4, 1926 ; Brainerd Dyer, " The Treatment of Colored Union Troops by the Confederates," *Journal of Negro History*, 20-3, 1935. などを参照。

(34) David Donald, " Died of Democracy," in David Donald ed., *Why the North Won the Civil War*, New York : Macmillan, 1960. なお、指揮官選挙制度については井出義光「血まみれの内戦」南北戦争」猿谷編、前掲書、一三二-一三六頁。

(35) William L. Burton, " Title Deed to America : Union Ethnic Regiments in the Civil War," *Proceedings of the American Philosophical Society*, 124-6, 1980.

(36) Pearl S. Buck, *American Unity and Asia*, New York : The John Day Company, 1942, pp. 131f.

(37) 名古忠行『アメリカン・コモンウェルス』法律文化社、一九九二年、一三四頁。

(38) Andrew Hacker, *Two Nations*, New York : Charles Scribner's Sons, 1992, p. 46.

(39) Noel Perrin, *Giving up the Gun*, Boston : David R. Godine, 1979.（川勝平太訳『鉄砲をすてた日本人』紀伊國屋書店、一九八四年、八三-八四頁。）

(40) 以下の日本に関する記述は同書、四五-四六、五九-六〇、八一-九一、一〇一頁。ただしペリンの主張は武装の奨励でなく、武器の進歩は必然ではないことを日本の歴史から示そうとしたものであるが、逆説的に日本の武装解除の歴史叙述にもなっている。

(41) 井上幸治『秩父事件』中公新書、一九六八年、一八四頁。

(42) 福田歓一『近代の政治思想』岩波新書、一九七〇年、一八一―一八五頁。戦前におけるマイノリティであった朝鮮・台湾の人々を武装させ軍隊に入れることは、大日本帝国にとってきわめて重大な問題であったが、それについては拙著『単一民族神話の起源』新曜社、一九九五年および『〈日本人〉の境界』新曜社、一九九八年を参照。

(43) Lewis Mumford, *The Story of Utopias*, n. p.: Boni & Liveright, Inc., 1922.（関裕三郎訳『ユートピアの系譜』新泉社、一九七一年、一三〇頁。）

(44) 柴宣弘『ユーゴスラヴィアで何が起きているか』岩波ブックレット、一九九三年。

(45) John Ellis, *The Social History of the Machine Gun*, Baltimore: The Johns Hopkins University Press, 1975, pp. 149-165.（越智道雄訳『機関銃の社会史』平凡社、一九九三年。）

(46) "A Boy and His Gun," *Time*, Aug. 2, 1993; "The War at Home: How to Battle Crime," *Newsweek*, Mar. 25, 1991. 森、前掲書、五七頁。

(47) Shalhope, *op. cit.*

(48) Buck, *op. cit.*, p. 135.

補論 註

(i) 「銃規制の流れに逆行」『朝日新聞』二〇〇二年七月一三日。

(ii) 同記事。

(iii) 「銃売る牧師『目には目を』」『朝日新聞』二〇〇三年五月三日。

(iv) 『日本近代思想大系』第四巻『軍隊　兵士』岩波書店、一九八九年に所収。原文は漢字カタカナ文。

（ⅴ）『日本近代思想大系』第九巻『憲法構想』岩波書店、一九八九年に所収。原文は漢字カタカナ文。

（ⅵ）大江志乃夫『徴兵制』岩波新書、一九八一年、七九、六一頁。

（ⅶ）『丸山眞男集』岩波書店、一九九五-九七年、第八巻所収。引用は二七九-二八一頁。

図版出典

図1　John Ellis, *op. cit.*

普遍という名のナショナリズム

――アメリカ合衆国の文化多元主義と国家統合

序　問題意識の所在

「日本で考えているナショナリズムとアメリカで考えるナショナリズムは全然違うものです。日本の場合だと国家主義ということに、まず、なってしまう。あるいは大和民族主義になるんだろうけれども、アメリカでナショナリズムといった場合には、少なくともユダヤ系人だとか中国系人だとか、プエルト・リコ系人といった個々の民族のナショナリズムで、いわゆる民族主義です。国家全体の国家主義みたいなものは、なかなか成立しがたい」。

アメリカ合衆国に国家としてのナショナリズムが成立しないかどうかはともかく、青木保が対談で述べたこの発言は、日本におけるナショナリズム概念のあいまいさを突くものではある(1)。ナショナリズムには「国家主義」または「民族主義」という二つの訳語が当てられるが、日本ではこの両者はお互いに一致、ないしはお互いに高揚しあうとみなされる。だが、多民族国家アメリカの場合には、両者はむしろ相反する関係にある。各エスニック集団の強すぎる自己主張は、アメリカ全体の国家統合をおびやかしかねないと考えられるからだ。

ナショナリズムがもっとも高揚する事態として考えられるのは、戦争である。多くの国民国家は、自民族中心主義（エスノセントリズム）を掲げ、それによりナショナリズムを高めて戦争を闘ってきた。だが、アメリカの場合は、多民族国家の場合はどうなのだろうか？

現実の国家は、ほとんどが国内に少数民族を含んでおり、多民族国家であることはアメリカだけの現象ではない。ナチス・ドイツを研究したフランツ・ノイマンによれば、ナチス指導者たちは「人種的民族（racial people）」という言葉を好み、「国民（nation）」を用いるのを避けたという。[2] いうまでもなく、「国民（nation）」には、ドイツ国籍を持つユダヤ人も含まれることになるのだ。

そうした文脈でいえば、国民という概念は、反人種差別の側面をもっている。ノイマンは、「国民観念は普通、デモクラシー原理や人民主権と手をたずさえて発展するものである。……実際、民主的国家がそのような膨脹政策をとるときはいつでも、ほとんど例外なく国民概念を放棄し、彼らが被征服者より優れているゆえんだと力説されている人種的、生物学的特性を賛美するものである」と主張し、アメリカにおいても、アングロサクソン中心主義と人種差別が、帝国主義と戦争を導いたと述べている。[3]

だが、本当にそうだろうか。二〇世紀の戦争は、国民総動員を前提とする総力戦であった。その総力戦を、アメリカは全人口の三割ほどでしかないアングロサクソンだけで戦ったわけではない。むしろそこには、多民族をも動員しうるナショナリズムが成立していたとみるべきである。

アメリカのマイノリティ史研究において、戦争は欠かすことのできないテーマのひとつである。兵士として動員されたマイノリティの研究では、黒人[4]、アメリカ先住民[5]、日系人[6]などがあるし、マイノリティの通史でも必ず触れられる。ところが、そうした歴史的記述で戦争に対し否定的な見解をとるものは、意外なほど少ない。むしろこれらに共通しているのは、そのマイノリティが、不当な差別を受けながらも、いかにアメリカの勝利に貢献したかを強調することなのである。

アメリカの戦争や国家動員が、人種差別や支配民族中心の論理のもとに行なわれるとすれば、エスニシティの独自性を尊重する文化多元主義（cultural pluralism）は、それに対する反論者でなければならないはずである。ところがジョン・ハイアムによれば、「驚くべきことに」、文化多元主義は「明らかに正反対のはずのものである国家統合の号令との関係を、批判的に見てゆくことに、概して気がすすまない風か、あるいはまったく無能力である」という[7]。

ハイアムによれば、文化多元主義はエスニック集団の独自性は強調しても、分離主義ではない。それは、エスニック集団があくまで国家の一部であることを前提としながら、国家内の差別と闘う論理である。つまりアメリカの文化多元主義は、分離よりは統合の理念なのであり、ノイマンのいう nation の論理の延長上にあるものといえる。それゆえ、戦争にかんしても、その価値判断はマイノリティの地位の向上、つまりは広義の統合に戦争がどう影響したかが基準であって、戦争そのものに対する評価は二次的なものなのである。

それと対照的なのが、日本のマイノリティ史研究ともいうべき朝鮮史における戦争の位置付けである。ここでは戦争は絶対悪であり、大日本帝国への統合もまた悪である。

しかしながら、戦前の朝鮮と台湾は、公式見解のうえでは大日本帝国の一地方だったのであり、日本に統合されることによって差別の解消をめざす人びとも存在した。例えば宮田節子は、日本軍に志願した朝鮮人の動機として、日本民族以上の皇軍兵士となることによって差別と闘い、帝国内での地位を向上させようとする心理が存在していたことを指摘している(8)。これは、前述の文献に描かれたアメリカのマイノリティ兵士の心理ときわめて類似している。しかし朝鮮はその後分離独立したため、両者の歴史的評価はまったくわかれることになった。

評価の逆転は、これにとどまらない。朝鮮史では、比較的〝寛大〟で〝緩やかな統合〟を(主観的には)試みた民族政策が、もっとも悪質な懐柔策として位置付けられるのである。

そして文化多元主義は、もっとも寛大で、幅広い統合の理念の一つである。もっとも幅広い統合の理念は、状況によっては、もっとも強力な動員の理念に転化しうる。またホラス・カレンやランドルフ・ボーンなど、アメリカの文化多元主義の源流として歴史叙述の中でとりあげられる思想は、いずれも第一次大戦期に現れたものだった。

マックス・ウェーバーは、どのような支配も決して強権のみでは成立せず、なんらかの形で被支配者に正統と認められているのだという視点から、正統性の概念と「支配の社会学」を生み出した。ナショナリズムや戦時動員、同化政策などが、なぜ一定の支持を得ていたのかを理解するためには、それがいかなる文脈で成立していたかを見据えなければならない。

本稿の目的は、多民族国家の統合の理念が形成された一つの場としてアメリカ合衆国をとりあげ、第一次大戦およびそれ以降の思想的背景を見てゆきながら、現代の日本ではとらえにくい多民族国家のナショナリズム概念の特殊性を、文化多元主義の変遷から明らかにすることである。

以下の章で、まずIでは、第一次大戦時における諸エスニック集団への同化の強制であったアメリカナイゼーション運動と、その思想的背景を見てゆく。次いでIIで、それを批判して出現した文化多元主義の思想を検証する。さらに、IIIでアメリカの参戦論とそれらとの関係を見る。そのうえで、IVで総合的位置付けを行ない、現在にまでいたる影響を概説する。

Ⅰ　アメリカナイゼーション運動と同化主義の思想

アメリカナイゼーション運動（Americanization Movement）は、第一次大戦期に起きた、移民に対する同化促進運動である。

一九世紀末から二〇世紀初め、それまで北西ヨーロッパ系が中心だったアメリカへの移民は、南東ヨーロッパおよびアジア系の比率が急速に増加した。東南ヨーロッパ系が移民に占める割合は一八八二年の一三%から一九〇七年には八一%となった。また量的にも、一八二〇年代から一九八〇年代までにアメリカに移民した約四千二百万人のうち、およそ三分の一が一八九〇年から一九一〇年に入国している。一九一〇年には、全米人口の一四・七%が外国生れであった[9]。

アメリカ社会への定着・同化指向の強かったそれまでの移民にくらべ、「新移民」と呼ばれる彼らは教育も低いうえ「出稼ぎ」という意識があるとみなされており、英語をほとんど必要としない単純労働に就く者が多く、また帰化も急速には進まなかった。彼らは主に都市部に出身地別のコロニーをつくり、出身地の言語の新聞を発行し、民族別の相互扶助組織を発達させた。[10]

同化の進まない新移民の増加に対する反感と危機感は、第一次大戦を契機として大きく高まった。当時の内務省教育局の広報は、状況を次のようにまとめている。[11]

1　一千三百万人の外国生まれ、三千三百万人の外国系の人間が合衆国に住んでいる。

2　百以上の外国語とその方言が合衆国で話されている。

3　一千三百以上の外国語新聞が発行されており、合計一千万以上の発行部数があると推定される。

4　合衆国にいる人間のうち、五百万人が英語を話せない。

5　そのうち二百万人が非識字者である。

6　非帰化人口のうち三百万人が兵役年齢である。

7　一九一〇年において、徴兵年齢の外国人男性のうち三四%が英語を話せなかった。すなわち、二一歳から二三歳の登録外国人のおよそ五〇万人が、英語の命令を理解できない。

8　軍需産業は外国人労働者に大きく依存している。ミシシッピ以東の鉄鋼産業労働者の五七%、非鉄金属の鉱山労働者の六一%、衣服産業の四大中心地の労働者の七二%、鉄道建設および補修労働者の六八・六六％が外国生れである。

9　英語を話せない外国人成人のうちわずか一・三％しか学校に行っていない。

10　アメリカの都市の多くの学校が、外国人に英語や公民科（civics）を教えるよりも、アメリカの子供たちにドイツ語を教えることに多くを費やしてきた。

国家主導による移民のアメリカナイゼーション運動は、第一次大戦勃発後の一九一五年五月、以前より帰化促進を提唱していた労働省帰化局の提案により、帰化市民歓迎式典がフィラデルフィアで開催されたことを画期として開始された。ウッドロー・ウイルソン大統領の「アメリカは集団の寄り集まりではない。特定の民族集団に属していると思っている者は、アメリカ人になりきれていない」という有名な発言は、この式典でのものである。[12]

式典の予想以上の反響から、帰化局は、全国的なアメリカナイゼーション運動を呼びかけた。こうした帰化局の動きに、内務省教育局、連邦国防評議会、さらに民間のアメリカナイゼーション委員会などが呼応した。奨励された運動の内容は、移民への半強制的な英語教育、帰化手続きの促進、アメリカ史を含む公民教育などで、運動参加都市は一九一五年八月の三八から、一九一九年六月までに二二四〇にまで増加する。[13]

運動には、私企業も参加した。もっとも大規模に行なわれたフォード自動車工場の例では、移民労働者およびその家族のための学校が会社によって開かれ、そこで教えられる最初の英語は「わたしは善良なアメリカ人です」だった。その学校の新入生歓迎会では、外国生れの移民が列をなして巨大な「メルティング・ポット」と名付けられた箱に入り、星条旗の小旗を持って出てくるという演劇が行なわれた。(14)

もともと、言葉のわからない未熟練外国人労働者に対応して成立したものだったフォードシステムのデトロイト工場では、一九一四年において労働者の約七〇%が、二二カ国におよぶ新移民を中心とした外国生れだった。一日八時間労働で日給五ドルという当時破格の高賃金は、フォード社会部の厳格な審査にパスした労働者だけに与えられるものであり、調査内容には、出身地の習慣を捨て、合理性と効率性に適した行動を身につけることが含まれていた。(15)

一九一七年四月、アメリカがドイツに宣戦布告を行なったのちには、食料の節約、家庭経済の合理化、工場労働者の教育訓練、公債購入などがアメリカ第一（America First）運動という名称で行なわれた。(16)アメリカナイゼーション運動にもそれは影響し、各都市や地方での英語普及率や新規帰化者数にくわえ、帰化者の戦時公債購入数が称揚されるようになる。(17)

こうしたなかで最大の被害を被ったのは、ドイツ系の人びとだった。新移民の増加にもかかわらず、二三〇万人を数えるドイツ系はアメリカ国内最大の外国生れの集団であったし、またドイツ系コミュニティ指導者とドイツ系新聞には、連合国への武器輸出とアメリカの参戦に反対を表明するものもあった。[18]

一九一七年一〇月、対敵取引法によって、敵およびその同盟国人の財産の連邦政府への管理移管条項が定められ、外国人財産監守官が任命されると、ドイツ系企業や個人の監視が公的に行なわれた。[19]ドイツに対する一般の反感も高まり、高校や大学のドイツ語のカリキュラムが削除され、個人や会社、町などのドイツ系の名称を変更するよう圧力がかかった。ドイツ語起源の外来語の排斥も行なわれ、ザワークラウト（sauerkraut）は自由キャベツ（Liberty Cabbage）に、フランクフルト・ソーセージ（the frankfurter）はホット・ドッグ（Hot Dog）へと変えられた。[20]

当時の新聞へのドイツ系アメリカ人の投稿はいう。[21]

ドイツの親類や友人と戦うことはつらい。しかし今はこれしか道はない。それよりずっとつらい——残酷なほど不正で不必要だからつらい——のはドイツの伝統のなかの美しく貴重なものすべてを理不尽にも殺してしまうことだ。馴れ親しんだ言語をしゃべることは反政府活動。古い民謡を歌うことは反逆罪。我々の父祖の音楽、思想、建築、文学はまったくの害毒。……これが、子供時代の罪のない歌を口ずさんだり、最愛の母親に、彼女がうまく使える唯一の言語で話しかけたりするかもしれない一〇〇%アメリカ人一般にまであてはめられているのだ……。

一〇〇%アメリカ人とは、アメリカナイゼーション運動のスローガンの一つである。セオドア・ルーズヴェルト元大統領は、ドイツ系アメリカ人(German-American)、アイルランド系アメリカ人(Irish-American)などを「ハイフン付きアメリカ人(hyphenated-American)」と呼び、この国にはそのような注釈つきの人間のための場所はないと批判した。[22]

こうしたアメリカナイゼーション運動が掲げた理念は、愛国心(patoriotism)と同化(assimilation)主義であった。一九六〇年代以降のアメリカ合衆国におけるエスニック集団の台頭のなかで、一つの文化のもとでの統合をうたう同化主義はアングロサクソン中心主義の隠れ蓑と非難され、「文化多元主義は、同化へのばかげた信念からわれわれを救うもの」とされている。[23] 現代のアメリカ史においては、アメリカナイゼーション運動は、アメリカにおける同化主義がいかにエスニック集団を抑圧したかの例として挙げられ、移民排斥運動や人種差別

の延長として位置付けられることが多い。(24)

だが、同化主義の思想的な流れを検討してみると、それは必ずしも適切ではないことがわかる。なぜなら、同化主義はその本来においては、共通普遍の一つの文化のもとでの平等を意味していたのであり、人種差別や排斥とはむしろ対立する側面を持っていたのである。

レイモンド・ベッツは、フランス植民地主義の理念だった同化主義の思想的背景を、唯一普遍の法と文化の共有としてとらえ、その起源を古代へレニズム文明のストア哲学に求めている。(25)古代ギリシャにおいては、人間はギリシャ人と野蛮人（barbaroi）に二分され、あるいは、アリストテレスにおけるように先天的奴隷人と自由人とに二分されていた。アリストテレスによれば、人間は民族や性別により根本的に異なるのであり、奴隷や女性を自由人が支配することは当然とされていた。

それに対しストア派は、すべての人間は神の与えた理性を共有しており、その理性によって見出される唯一普遍の自然法にしたがうべきであって、そこではみな平等な世界市民（cosmopolitan）であるとしたのである。この自然法思想はやがてローマ法の基礎的理念として取り入れられ、ローマ帝国内の被支配民族に共通の一つの法のもとで、政治的平等を与えていった。ベッツはこれを、「野蛮人地域のラテン化（latinization of barbarian regions）」と表現している。[26]その後、カトリックの普遍思想、さらに社会契約説が自然法思想を引き継ぎ、フランス革命を導くことになる。

さらにベッツは、同化主義の前提として、人間は後天的な教育によって自由にその性格を変えられる「白紙(tabula rasa)」であるという考え方の存在を指摘する。[27]この「白紙」は、いうまでもなく社会契約論者であるジョン・ロックの提唱によって知られた考え方であり、ここから、フランス啓蒙思想やジャコバン派、イギリス功利主義者たちは、生れによる階級を否定し、教育を重視していた。

唯一普遍の法と文化による全人類の支配を唱える同化主義は、革命前の旧体制の階層秩序や不平等を破壊する力となった。フランス革命後の植民地政策において、中央政府の同化主義は、植民地における奴隷の廃止、そして現地民の法のもとでの平等をもとめる動きとなって現れた。[28]それに対抗する論理として植民者たちが唱えたのが、それぞれの植民地ごとの多様な状況への配慮の要求であり、自治主義であった。そして、一九世紀後半になって、同化主義への有力な対抗論理となったのが、人種は科学的にみて優劣があると主張する社会ダーウィニズムと優生学だったのである。[29]

アメリカにおいても、同化主義が人種主義と対立する場面があった。南北戦争後の南部黒人の北部への移動や、新移民とくに中国系移民の流入といった状況のなかで、人種差別と移民排斥の動きが出現していた一八七〇年、ニューヨーク・ヘラルド紙は以下のような論説を掲載した。(30)

かつて、これほどの人種の混合を経験した国はない。そして、これほど急速に発展した国もないのだ。われらは人種の平等を証明するうえで、大きなことを成し遂げてきた。バベルの塔の呪いにたちむかって、多くを成し遂げてきたのだ。……われらが示した先例は、すべての国ぐにの人々をわが岸辺に魅き寄せ、すべての既製の国ぐにに力強い影響を与えているではないか。……人間家族に失われた絆を与えること、言語において、宗教において、国籍において一つにすること――それがわれらに与えられた運命であるならば、われらは空しく生きる民であってはなるまい。……中国人よ、ようこそ来たれ！

逆に、優生学にもとづく人種差別を主張する論者には、アメリカナイゼーション運動に反対を唱える者があった。その一人マディソン・グラントの一九一六年の論考によれば、こうした運動は「消すことのできない遺伝的性質を、アメリカの体制と環境の力で変えるか消すかできるという、感傷的でばかげた信念」の産物にほかならず、その結果は「移民たちは生粋のアメリカ人の言語を覚え、彼らと同じ服を着、彼らの名前を盗んでつけ、そして彼らの女を奪いはじめる」のであって、アメリカの人種的純潔を危機に陥れるものだという。[31]また、ドイツの優生学に親しんできた彼らは、東南ヨーロッパ系やアジア系の新移民の排斥には熱心ではあっても、ドイツ系への排斥にはとまどいを見せたのである。

とはいえアメリカナイゼーション運動の動機の一つとして、異なる文化背景を持つ移民への反発と不安が存在したことは事実である。ハイアムは、この運動の源流として、二つの流れを挙げている。[32]

一つは、「アメリカ革命の娘たち」（DAR）などの愛国主義団体によるものであり、彼らは移民に英語や法の遵守、「真のアメリカニズムの魂」などを教育し、移民がアメリカの生活に不満を持って政治的ラディカリズムにむかうことを抑える目的で活動していた。もう一つは、よく知られたハル・ハウスをはじめとしたセツルメントによる移民への慈善活動からで、移民の窮状を救いアメリカでの生活を助けるため、英語やアメリカの生活習慣、衛生観念、必要な法律知識などを教えていた。

前者の動機は移民への怖れであり、排斥や差別にむかうものであったのに対し、後者のそれは一種の愛であり、ベッツのいう同化主義にちかいものであった。にもかかわらず、両者の実際の行動は、似通ったものとなっていたのである。

この二つの合流を象徴するのが、フランセス・ケラーである。シカゴ大学で社会学を学び、ソーシャル・ワーカーとしての訓練を積んだ彼女は、移民の受入れ地であったニューヨークでセツルメント活動に従事した。一九〇四年に彼女は『仕事にあぶれて』(*Out of Work*)を著したが、若く活発なこのソーシャル・ワーカーの関心は、移民、とくに語学力や教育に欠ける移民女性の窮状であった。

やがてケラーは州政府合同の調査委員会に参加し、移民の状況を社会調査した。そして彼女は問題を単なる慈善活動から構造的にとらえなおし、自由放任経済と行政の無関心に対する憤りへと向かっていく。一九〇六年、州政府に移民法整備を活発に働きかける彼女の活動が当時のセオドア・ルーズヴェルト大統領の注目を得て、一九一二年には革新党(Progressive Party)の調査広報部長に就任する。[33]

革新主義(Progressivism)は、自由放任経済のもとで生じた種々の弊害を、連邦政府の改革政策によって是正しようとした社会改良運動である。具体的には、独占資本の批判、社会福祉、食品・薬品衛生規制、婦人参政権や政界の浄化などが掲げられた。ルーズヴェルトは、一九一三年の大統領選挙を前に、より革新主義的な方針を目指し共和党から脱党して革新党を結成していた。選挙は民主党のウイルソンの勝利に終わるが、彼も革新主義を共有しており、金融機関の改革、反トラスト法、高率関税の撤廃などがウイルソン政権下で成立した。[34]

選挙の敗北のあと、ケラーはニューヨーク州産業移民局の初代長官（彼女は全米初の州機関の女性長官であった）を務め、「アメリカの移民のための委員会（Committee for Immigrants in America）」を設立、その副代表として第一次大戦を迎えた。

アメリカナイゼーション運動の主導者の一人となった彼女は、「運動の人道的かつ寛大なアプローチの象徴」と見られていた。[35]しかし、彼女のなかでは、そうした人道的な面と、ルーズヴェルトの影響を受けた愛国主義の側面が、微妙にからみあっていた。

その二つをつなぎあわせていたのは、自由放任に対する反発だった。彼女は移民に同情的であり、彼らを低賃金労働で搾取する産業機構を強く非難した。そして、根強い人種差別と経済的貧困によって移民が都市のスラムや民族別のゲットーに隔離されている状況は、自然に放置していては改善されないとみなしていた。それらの解決策として、国家による産業統制と福祉政策、そして国家主導のアメリカナイゼーション運動にのめりこんでいったのである。戦争は、まさにそれらを実現する好機だった。[36]

もう一つ、彼女の人道主義と愛国主義をつないでいたものは、アメリカの建国理念だった。「アメリカナイゼーションとは何か」（"What is Americanaization ?"）という一九一九年の論考で、彼女は以下のようにいう。[37]

「アメリカナイズには、たったひとつの道しかありません——すべてのアメリカ人ひとりひとりに、アメリカの理想を理解させ、すべての日常生活にそれを移しかえることを可能にしてあげることです」。その理念とは、「よりよい境遇への機会、他人との平等、意見を聞かれる権利、思想の自由、敬意をうけること、言論を行なうこと、自由、そして幸福を追い求めること」である。これらの理想は「アメリカ生れと外国生れ、男と女、雇用者と労働者、富める者と持たざる者、一つの国ととなりの国」とで違うものであってはならず、その平等な適用によって国家の統合が得られる。

さらに、「アメリカはそうした夢が実現しうる唯一の国」であり、その団結を守るためには「出身国の利害のために人々をあやつる〔移民コミュニティの〕指導者たち」や「他と結びつこうとしない人種の派閥」が非難される。「英語は国家への忠誠の早道であり、経済取引の言葉であり、機会への開かれたドア」であり、「ユーゴスラヴィアやチェコスロヴァキアの民族運動のありさまを学べば、アメリカは全員が一つの言葉を話すことで団結し安全になるとわかります」と述べられるのである。ここでは、同化主義の持つ反人種差別の側面と、愛国主義や反外国人感情の側面とが、混然として一体になっている。それを結んでいるものこそ、「アメリカの理想」にほかならない。

これらは、革新主義そのものが持っていた性質でもあった。革新主義は移民をはじめとした貧困層の救済を説いたが、中心的な担い手たちはWASP（白人アングロサクソンのプロテスタント）の中産階層だった。彼らを支えていた動機は、彼らがアメリカの伝統的な価値と思うもの、すなわち開拓時代以来の勤勉の価値や信仰共同体の統合が、腐敗政治や貧困、階級間の対立の激化、移民の大量流入などによって危機にさらされているというものだった。[38]

そこから、信仰にもとづいた博愛主義と反人種差別の側面と、反外国人感情や国家統合の側面とが、双方とも派生していた。ハイアムがアメリカナイゼーション運動の矛盾した二つの動機と表現した怖れと愛は、そのまま革新主義のそれでもあったのである。革新主義による社会正義の実現や救済活動は、普遍的な価値であると同時にアメリカの伝統的価値であり、しかもWASPの価値観であった。例えば、革新主義運動で掲げられた目標のなかには、前述のようなものの他に禁酒法の制定なども含まれていたが、こうしたプロテスタント的な価値観もまた、普遍的正義の実現として意識されていたのであった。

さらに、戦争への協力も、ケラーだけの現象ではなく、多くの革新主義の社会運動家にみられた現象であった。戦争協力によって長年の運動の目標を実現した例としては、大戦後に婦人参政権を獲得した婦人団体や、労働福祉政策を引き出した労働運動などが挙げられる。(39)

さらにまた、ケラーがシカゴ大学で社会学を学んだことも重要である。一九世紀末から二〇世紀初めの革新主義の時代は、アメリカ社会学においては、ウイリアム・サムナーなどの社会進化論から、社会福音運動および新学派への転換期にあたっていた。スペンサーやダーウィンの影響を受けた社会進化論は、自由放任のもとでの生存競争を肯定し、救貧活動などを自然の摂理に逆らうものとして批判したが、後二者は社会科学を積極的に活用して社会を人為的に改良することを掲げていたのである。(40)

ケラーが学んだシカゴ大学の存在は、こうした潮流の変化を反映していた。当時のシカゴ大学は一八九二年に創立されたばかりであると同時に、アメリカで初の独立の社会学部を設けた大学であった。そしてシカゴは新興工業都市として、新移民の集中とスラム化がもっとも激しい都市の一つだった。

「シカゴ学派」と通称されたシカゴ大学の社会学部の学者たちは、都市化とはすなわち多民族の混住から生じる社会的現象と位置付けて、活発なシカゴの都市社会調査を行なった。(41)こうして、ポーランド系移民を調査したW・I・トマスや、移民の同化を理論化したR・E・パークなどの研究が発展するとともに、女性を含む多数のソーシャル・ワーカーがシカゴ大学社会学部から輩出することとなった。そうした学歴を持ち、移民や女性の社会状況を改善すべく努力するなかで戦争協力に入り込んでいった女性ソーシャル・ワーカーもまた、ケラー一人ではなかったのである。(42)

こうした背景をもって展開されたアメリカナイゼーション運動は、少なくともその公式見解においては、反差別の側面を持っていた。一九一八年三月の国家アメリカナイゼーション委員会(The National Americanization Committee)のパンフレット『アメリカナイゼーションのためにあなたができること』には、共通語としての英語の普及や、敵の宣伝と闘うことなどのほかに、「アメリカ人民を分裂したままにする人種偏見、相互の壁、差別、コロニーや移民の区分などの撤廃」を掲げていた。(43) そこで強調されたのはアメリカ国家の理念のもとでの団結であり、人種差別はむしろ国民的団結の障害とされたのである。

セオドア・ルーズヴェルトにも、この点は共通していた。彼が「ハイフン付き」のアメリカ人を非難した前述の一九一五年一〇月の講演でも、彼は「アメリカ生れ」(“native-American”)も「ハイフン付き」に含めており、「その者が共和国に心からの無二の忠誠を捧げて

いるのであれば、生れは問題ではない」「行ないに、行ないだけに基づいた区別」があるだけだと述べている。(44)

さらにルーズヴェルトはこの講演で、一九世紀のカトリック移民排斥運動だったノー・ナッシング党を強く非難し、このような不寛容は「アメリカニズムに対する攻撃」であると述べ、「独立革命や南北戦争など歴史上の大きな危機、あるいは米西戦争のようなもっと小さい危機でも、すべての派閥や人種は、共通のアメリカニズムの魂の中に忘れられたものだ」としている。彼によれば、アメリカニズムの本質は「わが国は不滅の民主主義の原則に基づいている」ことであり、それゆえアメリカは「必然的に他のどの国とも違う国」なのである。

もともとルーズヴェルトは、彼が生れ育った時代的背景から比較すれば、人種偏見の少ないほうであったといわれる。(45)米西戦争で黒人部隊の活躍に救われた経験を持つ彼は、黒人兵士を「優秀な品種のヤンキー」と呼んでいる。(46)彼はいわば、国家統合の強調によって民族の壁を乗り越えるという立場であり、しかもその国家の統合理念は「民主主義」であるとされていたのである。

もとプリンストン大学総長であり、政界入り後わずか三年で大統領になったウイルソンの場合、やや感情的な愛国調が目立つルーズヴェルトよりも、いっそう理想主義の強調が際立っている。彼によれば、自由と正義の国アメリカは、世界および人類の希望の灯であり、「アメリカ人は世界のどの国とも違う意識を持たなければならない」。アメリカは人類普遍の理想であり、アメリカの価値に忠誠を誓うことは、すなわち人類に忠誠を誓うことなのである。前述したように、彼は「アメリカは集団の寄り集まりではない。特定の民族集団に属していると思っている者は、アメリカ人になりきれていない」と講演したが、その講演は以下のように続く。「もしあなたが、人間というものをお互いに嫉妬しあう陣営にわけてしまうのなら、あなたは人間を愛していないのです[47]」。

アメリカナイゼーション運動のなかでも、よりリベラルな部分は、移民の文化的要素を剥奪するような同化強制には反対さえした。ケラーが出した移民婦人のアメリカナイゼーション指針には、人種的偏見、とくにアングロサクソンの優越感を捨てること、また移民の言語・習慣・伝説などは「これに代る適当なもの」を与えられない限り剝奪すべきでないことを記している。また、連邦政府の指針でも、カトリックやユダヤの新移民に対し、改宗を強要しないことを明記していた[48]。

ただしそれらは、移民の文化や信仰が、アメリカ国家への忠誠と自由・民主主義の原則——しばしば両者は混同されたが——に反しない限りにおいてだった。そして、スタンフォード大学の外交史学者アダムス（Ephraim Adams）が述べたように、民主主義の国アメリカが行なう戦争に反対する者は、「われわれの民主主義に対する裏切り者」とされたのである。[49]

ここで留意すべきことは、アメリカにおける同化とは、言語や宗教での異文化性を消し去るという側面もさることながら、近代化や民主化という意味合いを含んでいたことである。同化の対象となるべきアメリカの文化や体制の本質が「自由と民主主義」であるとするなら、同化とは「民主化」にほかならない。また、アメリカに同化しない移民に対する反感は、アメリカが体現しているはずの「民主主義」を守るうえでの危機感でもあった。それは具体的には、移民コミュニティの政治的ボスに対する移民たちの投票行動を、政治的腐敗の温床とみなして非難する動向などになって表れた。[50]

カリフォルニア州のアメリカナイゼーション運動の教育科目には、英語のほかに保健衛生知識、家庭経済の合理的運営法、政治・行政の知識、市民の権利・義務条項などが並べられている。[51] これらを教えることが、アメリカないしWASPの特殊文化の強要であるとは、担当者は考えていなかったであろう。

だが一方で、保健衛生や家庭経済運営の教育は、不可避的に移民たちの習慣や価値観と衝突せざるを得なかった。例えば、〝贈答〟の価値観を持つ移民たちに、WASPの〝節制〟の価値観を教えこめば、それは同化の強制となりえた。また政治知識や市民的義務の教育には、アメリカ国家の政治文化やイデオロギーが入りこんだ。しかしそうした価値観も、普遍的なものと考えられていたのである。

移民たちに対して、アメリカの自由と民主主義のイデオロギーを象徴するものとして宣伝に使われたのは、彼らにとってなじみの深い「自由の女神」であった。エリス島の出入国管理所のそばにあるこの巨像は、一八七六年のアメリカ独立百年を記念してフランスから両国親善のために寄贈されたものだが、移民たちにとっては、大西洋横断航路の舷側から初めて目撃するアメリカの象徴だった。

この「自由の女神」を、アメリカ政府は移民むけの戦時公債募集キャンペーンのポスターに使用したのである。簡単な英語、あるいは移民の出身地語で書かれた内容は、アメリカの自由と入国時の感動の想起であった。そして、政府広報委員会（Committee on Public Information＝CPI）の長官ジョージ・クリールも、差別の撤廃を目標の一つとしていたのである。[52]「自由の女神」をアメリカを象徴するイコンとして使用した例としては、このキャンペーンは時期的に早い事例であるといえる。当時、一八七六年に外国から寄贈されたばかりだったこの像は、新移民以外のアメリカ国民には、さほど広範に知られていなかった。また像の寄贈が

図１～３ 「自由の女神」を使用した移民むけ戦時ポスター。
移民の出身地言語を使用したものも作られた。

新移民の大量流入と重なったため、移民法改正によって新規移民の全面的な制限が行なわれる一九二四年以前には、マジョリティのアメリカ人にとっては、必ずしもプラスのイメージを抱く対象ではなかったのである。[53]

多民族国家アメリカにおいては、人種差別やWASP中心主義は、国家単位の統合や動員の理念として機能しない。アメリカナイゼーション運動は、アメリカ国家の〝普遍的な価値〟のもとに差別を撤廃し、同時に移民の独自文化を制約して、その価値のもとで一元的な国家統合をはかるものであった。そこでは、原理上はWASPを含めたすべての民族主義が相対化され、否定されていた。だが、その相対化と否定を行なう統合価値そのものがWASPの文化から派生したものにほかならず、しかもそのことに自覚がないまま事態が進行したのである。

シカゴ大学の社会学者パークは、同化とは「古い記憶の抑制によるのではなく、あたらしい生活に組み込むことによってなしとげられる」とし、「われわれが外国生れの者に、とくにもとめることができるのは、われわれと同じ理想、同じ願望、および共通の事業への参加にある」「参加は同化の手段であり、また目的である」と主張した。[54] 穏健派黒人運動のタスキーギ運動と深いかかわりがあったパークは、人種差別の撤廃に熱心であった。[55] しかしこの時代の文脈において、「同じ理想」「共通の事業への参加」にもとづく同化とは、すなわち戦争への協力にほかならなかったのである。

Ⅱ　文化多元主義

アメリカにおける同化のありかたを、アングロ・コンフォーミティ（Angro-Comformity）、メルティング・ポット（Melting Pot）、文化多元主義（Cultural Pluralism）の三つに整理したのは、アメリカの社会学者ミルトン・ゴードンである。[56]

ゴードンによれば、アングロ・コンフォーミティは移民に独自の文化を捨てさせ、アングロサクソン文化に同化させるもの。メルティング・ポット（「人種のるつぼ」）は移民とアメリカ生れの者が長いあいだに交流し、混血しあうことによって一体化し新しい混合文化を形成するもの。そして文化多元主義は、移民が独自の文化を保ったまま、社会のなかに統合されていくというものである。現在では、文化多元主義の台頭に伴ない、アングロ・コンフォーミティはもちろん、単一文化の生成を求めるメルティング・ポット論もまた、諸民族の独自文化を評価しない点が批判されるにいたっている。

ゴードンによれば、文化多元主義の源流は二つある。ひとつは、アメリカナイゼーション運動と同じく、移民を対象としたセツルメント活動であった。移民に親しく接触していたセツルメントのソーシャル・ワーカーたちは、移民が優れた独自文化を持っていること、そしてそれを奪いさるかたちでの同化がいかに移民に苦痛を与えるかを、経験的に知っていた。

そして文化多元主義のもうひとつの源流は、二〇世紀初めのアメリカ知識人の知的傾向だった。これらの知識人たちは、リベラリズム、国際主義（internationalism）、寛容（tolerance）などの理念を重視していた。こうした理念から、一部の知識人たちはアメリカナイゼーションの強行に反対し、「移民たちもまた古くからの尊敬すべき文化を持っているのであり、性格も運命もいまだ伸びゆく過程にあるアメリカにとってそれらは有益なのであって、そうしてアメリカは、ナショナリズムと戦争に焼かれる世界に対して人類の諸遺産の調和的協力の感銘ぶかい実例となるにちがいない」ことを主張したとゴードンは述べている。(57)

ゴードンがこうした知識人の例として挙げているのが、ジョン・デューイ、ホラス・カレン、ランドルフ・ボーンなどである。デューイについては後に検討するので、ここではカレンとボーンの主張を見ておこう。

カレンはシレジア地方生れのユダヤ人で、五歳のときアメリカに移民し、ハーヴァード大学で学んだ。ハーヴァードにおいて、彼はアングロサクソンのエリートたちに囲まれつつ、彼らに同化しようと試みるが、文化の壁は厚かったようである。やがてセツルメント活動に従事した彼は、そこで様々な思想に触れエスニックの自己主張に目覚め、ユダヤ文化とシオニズムを学ぶようになり、社会思想家の道を進んだ。[58]

カレンは文化多元主義という言葉を印刷物で初めて使用した人物であり、彼が一九一五年に発表した論文「デモクラシー対メルティング・ポット」("Democracy versus the Melting Pot")[59]は、アメリカ思想史における文化多元主義の原点とされている。この論文でカレンが批判の対象としたのは、移民が持ちこむ文化によってアメリカが変質することを警告するアングロサクソンの社会学者エドワード・ロスと、メルティング・ポットの思想であった。

「アメリカ人」という存在を、諸民族の混合ととらえる見方は古くからあるが、アメリカを「メルティング・ポット」と呼ぶことは、一九〇八年に公開された同名の戯曲から広まったものとされている。[60]この戯曲の著者は、イギリス国籍のロシア系ユダヤ人イズラエル・ザングウィルだった。

この戯曲は、ロシアの反ユダヤ暴動(ポグロム)から逃れてアメリカに移民した、ユダヤ系青年音楽家デヴィッドが主人公となっている。彼はセツルメントのソーシャル・ワーカーであるキリスト教徒の女性と結婚しようとするが、ユダヤ教の伝統を守ろうとする叔父のメンデル

から、絶縁を宣告される。(61)

メンデル　多くの国がわれわれユダヤ人を受け入れてきた。スペインから追われたときにはオランダが、ドイツに抑圧されたときにはトルコが。しかし、われわれはオランダ人にもトルコ人にもならなかった。

デヴィッド　そうした国は、もう出来上がってしまっていたんだ。教義に凝り固まった、古い文明だったんだ。そうした国でユダヤ人が突出しているのは正しいかもしれないよ。でも、この新しい非宗教の国では、ぼくらは未来を見なくてはいけないんだ。

メンデル　過去だって、見なくちゃいかん。

デヴィッド　過去の何を？　あのキシネフ〔彼の家族がポグロムで虐殺された故郷の名〕をかい？　虐殺を指揮した男たちの顔を？

メンデル　おい、落ちつくんだ！　……ユダヤはどこでも憎まれるのだ。おまえは自分の民族を裏切ろうとしているんだぞ。

デヴィッド　僕はアメリカを信じるよ。アメリカも僕らを信じてくれると信じるんだ。

主人公は親戚に対し、過去の記憶や文化よりも、未来の国であるアメリカを信じたいと告げ、諸民族の偉大なメルティング・ポットとしてアメリカを称える交響曲を書き上げ成功するのである。著者のザングウィルは、この戯曲をセオドア・ルーズヴェルトに捧げ、ルーズヴェルトもこれを絶賛した。[62] 同じ東欧ユダヤ系移民であり、ともにセツルメントを経験しながら、ユダヤ文化の再興の道を選んだカレンと戯曲の主人公は、対照的な存在といえた。

ここからわかるとおり、メルティング・ポットの理念は、人種差別に抗するものであると同時に、同化主義によるアメリカ国家の統合と矛盾しないものであった。一方、カレンのもうひとつの批判対象であったエドワード・ロスのアメリカ文化防衛論は、アングロサクソン中心主義の色彩の濃いものだった。前項で見たように、アメリカナイゼーション運動には、この二つの要素が微妙に混在していた。カレンが自らの移民文化を主張するためには、この二つに同時に反論しなければならなかったのである。

「デモクラシー対メルティング・ポット」で、カレンはまず、移民はいまでもメルティング・ポットに溶解されておらず、民族（national）集団でありつづけていると述べる。そして、メルティング・ポットが生み出すという諸人種混合の新しい「アメリカ人種」などは存在しないし、生物学的混一はありえないと主張して、「無知の産物であり、同時に神ががりなほど楽観的」と批判する。

ところが、カレンも認めていることだが、この点において彼は、論敵であるロスと同意見なのである。カレンとロスは双方とも、移民がアングロサクソンとは異質な文化を持っており、これからも持ち続けるだろうという見方では共通していた。

社会ダーウィニズムの影響を受けたロスは、ここから、諸人種には優劣差や不平等が存在し、激しい生存競争がアメリカを舞台に行なわれるであろうことを予測する。ところがカレンは、それに対し、諸民族の調和を唱える。それは、オーケストラが種類のちがう楽器で美しいハーモニーを生み出すように、「社会のなかでそれぞれのエスニック集団が自然の楽器となり」、「統一のなかの多様性、人類の交響」が生れ、「相違を持ちつつ、文明（civilization）の交響曲」を奏でるという。カレンは、ザングウィルの戯曲でも用いられる交響曲の比喩を、移民文化の擁護に転用してみせたのである。

そしてカレンは、「ロス氏やたくさんのアングロサクソン系アメリカ人を悩ませているのは、不平等ではなく相違なのである」と主張し、相違の権利はアメリカの民主主義の伝統であると述べる。そして、「わが連邦を構成する諸民族は、民主主義が自己決定と自決（self-government）を通じた自己実現であること、そして他の民族なしには生きてゆけないことをなによりもまず学ばなければならない。それこそが、アメリカニズムのなかで、おそらく誰にも素晴らしい理想の部分である」という。すなわち均質なアメリカ社会を想定するメルティング・ポット論は、アメリカ民主主義の伝統に反しているというのである。

しかし、カレンの議論では、現実に存在する差別をどうするかについては、何も述べられなかった。ただ、民主主義の理念を持ったアメリカの法と体制が、民族の調和の条件を整えるだろうと書かれていただけだった。

しかも、カレンのいう諸民族のハーモニーとして想定されたのは、もっぱらアングロサクソンと東南ヨーロッパ系の新移民の調和であり、黒人やアジア系はそこに入っていなかった。カレンによれば、ボーア戦争後のイギリス植民地(現在の南アフリカ共和国)には、彼のいう諸民族のハーモニーが生れつつあると書いているが、これはオランダ系植民者のボーア人とイギリス系植民者の和解を指すもので、その両者が「白人」として和解して築いた支配体制には何の批判もしていない。こうして決定的に異質な対象は除いたうえで、ヨーロッパ系の諸民族が、民主主義のもとで自然調和するだろうことを想定していたのである。

ケラーのように、移民の貧困と差別は放置していては解決しないという立場からすれば、カレンの議論こそ「神がかりなほど楽観的」に見えたであろう。またアメリカの民主主義の精神が調和の前提だというなら、まさにアメリカナイゼーション運動が、その精神の日常への徹底を目指しているのだとケラーなどは答えただろうと思われる。

さらに、カレンは同化主義に対抗するため、民族文化の生得性を強調することになった。カレンによれば、人間は自分の祖父を換えられない。そして諸民族のオーケストラでも、人間は所属する民族ごとに与えられた役割を果たすのであって、「生れついての分限のなかで」しか変奏を認めなかった。こうしたカレンの議論では、相違が階層秩序に転化しない保障はどこにもなかったといえる。

ただしカレンは、アメリカが諸民族の無秩序な闘争の場になるであろうとの想定に対しては、一定の解答を出している。彼によれば、自分が想定している民族調和国家とは、トルコやオーストリアのような、人びとの同意ではなく強権にもとづいた国ではないという。彼が想定しているのはイギリス連合王国やスイス連邦であり、これらの国では、民族の自発的な協調こそが、国家への強い忠誠心の源になっている。スイスには共通語すらないが、「ヨーロッパでもっとも忠誠心の高い市民を持つ国」ではないか、と彼は述べる。

結局のところ、カレンが諸民族の統合の絆として考えたのは、諸民族の独自性を許容するアメリカ民主主義の伝統であり、そのような民主主義国家への忠誠心であった。彼の狙いはエスニック文化の正当化にあったのだが、結果として、民族的多様性を調和させるために、国家の政治的統一力を導入しなければならなかったのである。

カレンが、諸民族の共存はアメリカの法や精神、体制などをなんら犯すものではないとしたのは、そうした意味においてであった。そこでは、自分の所属するエスニック集団の利害を守るためには、アメリカの民主主義と、寛容な国家体制を内外の敵から防衛しなければならない。ここにおいて、ともすれば対立しがちな多民族国家における二つのナショナリズム——民族主義と国家主義が合体し、高め合う関係が築かれたのである。

もう一人の文化多元主義の先駆者であるランドルフ・ボーンの論調は、カレンとはいくらか異なっていた。アングロサクソンの若き批評家であった彼は、カレンに影響を受けていたものの、カレンのように自分の文化を守るという背景はなく、したがって生得的な民族性などを強調する必要はなかった。また彼は、自分の師のデューイが戦争を支持したのちも、第一次大戦にアメリカが参戦することに反対した、数少ない知識人の一人であった。

カレンの背景が自分の文化の防衛であったとすれば、ボーンのそれは、自らもその一員であるアングロサクソンの自民族中心主義に対する怒りと、良心の痛みだった。彼の考えは、一九一六年に発表した論考「トランスナショナル・アメリカ」(“Trans-National America”)に

よく表れている。(63)

ボーンのこの論考によれば、「アメリカナイゼーションとは、すなわちアングロサクソナイゼーション」にすぎない。移民に対して、出身国の文化を捨てないと非難するアングロサクソンこそ、もっとも自分の出身国であるイギリス文化を保守しつづけている「イングリッシュ-アメリカン」である。また、多民族の交流こそが社会と文化を進歩させるのであり、アメリカでもっとも移民が少なくアングロサクソンの多い南部はもっとも文化的に遅れた地域であり、「イングリッシュ-アメリカンの保守性こそが、社会の進歩の最大の障害となっている」という。

教育学に造詣の深いボーンは、民族の生得性は主張せず、教育による人間の可塑性を主張した。彼によれば、人間は「社会化されたアメリカ人に教育されるべき生の材料」であり、「劣った人種はなく、ただ劣った文明化（civilization）があるだけである。われわれはみな教育されうるし、またされなければならない。……可塑性に富む次世代は、コスモポリタンの理想の光となるだろう」という。

しかし同時にボーンは、諸民族の独自文化が社会全体の文化を豊かにすることも強調した。いわば彼は、同化主義やメルティング・ポットの反人種主義と、カレンのいう民族文化の多様性の擁護を、総合しようとしたのである。

こうしたボーンが唱えたアメリカ像は、論考の題名がいうように「トランスナショナル」な国家であった。彼によれば「アメリカは移植されたヨーロッパ」であるが、ヨーロッパ諸国を戦争に巻き込んでいるような「古くさく、くたびれたナショナリズム——参戦し、排他的で、門閥的な、いまやヨーロッパの毒となっているもの——を追いもとめるしか目標がないのであれば、それはにせの愛国心を造り出すことでしかなく」、そうした既製のものを追っていては「アメリカはずっと追随者にとどまり、諸国のリーダーになることはできない」のである。

そして、「生粋の〝アメリカ文化〟などを追いもとめるのはやめるべきであり……アメリカ固有の文化などない」。アメリカがその独自性を生み出そうとするならば、「われわれに与えられた使命は、むしろ諸文化の連邦になることであるのは明らか」であって、「アメリカの文化的伝統は、未来にあるのだ」。彼によれば、「アメリカのナショナリズムは二〇世紀のヨーロッパのそれとはまったく異なり」、「偉大なアメリカ民主主義の実験」によって、「われわれは知らず知らずのうちに、世界初の国際国家を築いてきた」。すなわち、「アメリカはすでに、世界連邦のミニチュアなのである」。

さらにボーンは、こうした「トランスナショナル・アメリカ」において、二重国籍を肯定した。カレンのモデルはスイスとイギリスだったが、ボーンのモデルは、国籍に血統主義をとっていないフランスだった。ボーンは、「フランスのような国家では、正式な合法の二重国籍を認めようとしているという」と述べ、フランス人は血統ではなく、こうした寛容な体制によってフランス人なのであり、その結果として「熱心に国に忠誠を尽くすようになる」のである。

ボーンによれば、国際精神こそが、戦争にさらされる「西欧世界を自殺から救う」ものであり、「アメリカだけが、このコスモポリタンの企図を導ける。……アメリカ人だけが……そうした世界市民になるチャンスを持っている。アメリカは、単一の国家でなく、トランスナショナル国家になってゆきつつあるのである」。そして、「われわれの理想主義は、すべての人びとが参加できる未来社会の目標になるにちがいない」というのだった。

このように見てくると、カレンやボーンの文化多元主義や「トランスナショナル」の主張が、突然変異のように現れたものではないことがわかる。それらは当時のアメリカにおける、アメリカナイゼーション運動やメルティング・ポット論を含めた、「民主主義」を基盤とする国民統合構想の延長上に位置するものであった。

しかしカレンやボーン自身は、アメリカナイゼーション運動やメルティング・ポットの理念を、あくまで自分の主張とは対極にあるものとしてとらえていた。例えばボーンは「トランスナショナル・アメリカ」で、「アメリカニズムをメルティング・ポットの言葉で考えていては、アメリカの伝統は過去にしかない」と述べている。

しかし、これはボーンのいう「アングロサクソナイゼーション」に適切な表現ではあっても、ザングウィルの描いたメルティング・ポットには必ずしもあてはまらない。「アメリカの伝統は未来にある」こと、アメリカの理想が「すべての人々が参加できる未来社会の目標」であることは、ザングウィルが戯曲『メルティング・ポット』のなかでうたいあげたメッセージと矛盾しないだろう。

また、移民の運んでくる文化がアメリカを豊かにするという発想も、カレンやボーンに特異なものではなく、アメリカナイゼーション運動の中に散見されたものであった。運動の指導者の一人である内務長官フランクリン・レーンは、寛容、正義、自由などの理想を追い求める「アメリカは永遠に未完の国である」と唱え、移民に対し「君達の音楽、芸術、感情、祖先の体験などをメルティング・ポットへ持ってきたまえ。そしてわれらが精神を豊かにしてくれたまえ」と一九一九年に述べている。(64)

セツルメントで移民と接した経験をもつケラーも、移民の運んでくる文化がアメリカ文化に貢献するだろうことを強調している。(65) ケラーがアングロサクソン優越意識を批判し、セオドア・ルーズヴェルトが人種・宗教の別なく愛国者を評価したのは、見てきた通りである。

実際のところ、グラントのような優生学の立場にたつ差別論者を別にすれば、カレンやボーンの議論と、アメリカナイゼーション運動の同化主義者たちの議論は、意外なほど同じ言葉を使っている。両者とも人種差別を非難し、自由、民主主義、寛容などをアメリカの伝統や理想として位置付け、その国家的実現を目指し、アメリカを人類の希望として描いている。

ただ両者が違うのは、アメリカナイゼーション運動の人びとが差別と分裂（と彼らがみなしたもの）の現状を政府のバックアップによる運動で解決しようとしたのに対し、カレンやボーンは、それが現実にはアングロサクソン文化の強要にしかなっていないことを批判したことである。とはいえ、では現状の差別がどう解決するのかについては、カレンとボーンはこれといった構想を出していない。

ただいえるのは、双方とも結果として、多民族国家における民族主義と国家主義の対立を止揚しようとしたことである。アメリカナイゼーション運動は、民族主義を差別と分裂の源と位置付け、「民主主義」の原理にもとづく国家のもとで、差別撤廃と民族主義の廃絶、そしてアメリカ国家の統合を打ち出した。カレンは、民族主義の利益を守ることが、同時に国家主義の高揚になる構想をあみだした。ボーンは、偏狭な民族差別を排しながら、同時に諸民族の独自性を保つことを「トランスナショナル」と表現し、それをアメリカの未来像とすることで、民族主義と国家主義を和解させた。これらはいずれも、多民族国家に含まれる移民たちを、戦争に総動員する機能をはたしうる思想であった。

これらの論者のなかで、ボーンは戦争に反対していた。しかし彼は、戦争は民族主義的なナショナリズムによって起こるものであって、「トランスナショナル・アメリカ」という国家構想にはそうした危険はないものと考えていた。

ボーンは、アメリカがヨーロッパで起きている大戦に参戦するとすれば、それはアメリカの支配層である「イングリッシュ-アメリカン」たちの、イギリス本国への忠誠から生じると考えていたようである。たとえアメリカ人が、「トランスナショナル・アメリカ」に忠誠心を抱いても、大洋に囲まれているアメリカに対して、強国の攻撃などは現実には想定し難かったことを考えれば、そうした見解には無理はなかった。

しかし、アメリカの参戦論は、そのような形ではやってこなかったのである。

Ⅲ 「国際的責任」

一九一四年八月に第一次大戦が始まったとき、ウイルソン大統領はただちに中立宣言を行ない、交戦国への融資活動をも禁止した。

この方針には、主に二つの理由があった。一つは、「わが国の複雑な民族構成からみて、中立以外の政策をとったならば、内部に深刻な対立をうみだすことになる」というウイルソンの発言に代表される見解であった。[66]

そしてもう一つは、新大陸の国であるアメリカは、旧大陸の争いにかかわらないという、伝統的な孤立主義だった。それは、アメリカは旧大陸の階級制や貴族文化、宗教的不寛容に毒されていない無垢の大陸であるという、建国期以来の思潮に根ざすものであった。[67]ウイルソン大統領も、アメリカ世論も、大戦を汚い帝国主義戦争と位置付け、アメリカはこれに巻き込まれて自分自身を汚すべきでないという見方をとっていた。[68]

世論の変化を決定的にしたのは、一九一七年一月三日のドイツの無制限潜水艦戦の宣告であった。イギリス海軍の対ドイツ海上封鎖に対し、ドイツははやくから潜水艦によるイギリスへの通商破壊を行なっていたが、それは原則的には交戦国の商船を、乗員脱出の警告を与えたうえで沈めるものだった。しかし、開戦から二年のうちに、中立国アメリカからドイツら同盟国側への通商が百分の一になったのに対し、連合国へのそれは大量の武器を含みながら四倍に増加していた。ドイツ系アメリカ人の抗議の対象だったこの状況の継続は、ドイツにとって致命的であり、それが戦闘区域での無警告無差別の潜水艦戦の宣言にいたったのである。

すでに一九一五年にイギリス籍の客船ルシタニア号が無警告で潜水艦に沈められ、一二八人の同乗アメリカ人が死亡したとき、世論は反独に大きく傾いていた。ドイツの無制限潜水艦戦宣言の一カ月後の二月三日、アメリカはドイツとの国交断絶を行なった。

しかしウイルソンは、この時点では参戦の意志はなかったといわれる。もともと彼が一九一六年に再選されたときのスローガンの一つは、戦争回避であった。また彼は、孤立主義の主張であるアメリカのイノセント、つまりアメリカは西欧キリスト教文明の汚れなき最後の砦であるという観念を共有しており、国交断絶の前日にも「戦争はあるまい。……われわれはこんにち、戦争から免れている唯一の白人大国であり、参戦は文明（civilization）に対する犯罪となろう」と述べていた(69)。

ところが一九一七年二月二三日、ロシア二月革命が勃発し、帝政が崩壊した。このことは、アメリカの知識人層とウイルソンを、大きく参戦に傾けた。それまでは、連合国内の帝政国家であるロシアの存在が、この大戦は侵略的な軍国主義の帝政国家（ドイツ、オーストリア）と西欧民主主義国家（イギリス、フランス）の戦いであるという図式の成立を、妨げていたからである(70)。

さらに同年三月一八日、アメリカ商船三隻がドイツ潜水艦に沈められたとの報が入った。ロバート・ランシング国務長官は、ウイルソンに対し、「連合国は民主主義の原則を代表している……連合国は、人類の福祉と、民主主義が成り立ってゆくべきこの世界に平和を打ち立てるためにある」と述べ、文明（civilization）を守る戦いへの参加をうながした。この時点ではウイルソンは反対したが、三月二〇日までには全閣僚と議会が参戦を勧告し、ウイルソンは参戦の決断を下した(71)。

四月二日、ウイルソンは議会で参戦勧告演説を行なった(72)。彼はこの演説で、「警告も慈悲もない」ドイツの潜水艦によって「病院船やベルギーの飢えた人びとへの救援物資船までが」沈められ、非戦闘員である innocent people の命が奪われていること、そして「世界の自由交通路であり、どの国も支配する権利を持たない海」が侵されていることを述べた。

ウイルソンの演説によれば、「ドイツの潜水艦通商破壊戦は人類に対する戦争である。すべての民族（all nations）に対する戦争である。アメリカの船が沈められ、アメリカの人命が奪われている」。この部分は、すべての民族（all nations）から成るアメリカに対する戦争とも読める。

そしてウイルソンによれば、「われわれは征服も支配も望まない」。戦争の目的は「世界に民主主義を確保すること」であり、「small nations の自由のため」、「平和と正義の原則を利己的で独裁的な力から守り、真に自由で自決した人民の間にこれらの原則を保証する目的と行動の協調（concert）を打ち立てること」である。アメリカの参戦は、「人間の権利の擁護であり、われわれはその唯一のチャンピオンなのである」。参戦は国際的な「責任」なのだ。

ここにある自決した人民の協調（concert）を合奏（concert）と読みかえれば、カレンの発想との類似性に気づく。ウィルソンが国内の諸民族の動向を気遣っていたのは前述の通りであり、彼が戦後構想として打ち出したのは、国際連盟（League of Nations）のもとにおける民族自決であった。

そしてシカゴ学派のトマスは、東南欧系移民たちが文化と言語を捨てて同化しようとしない背景に、故郷で民族自決を求めて闘っている人びとを裏切りたくないという意識があることを報告していた。[73] 政府広報委員会（CPI）長官のクリールは、ただちにヨーロッパ少数民族の民族自決権（それは同時に、敵である多民族帝国オーストリアの解体を意味していた）の実現を戦争目的として宣伝し、国内のエスニック集団の戦争支持を獲得していく。[74]

ルイス・スナイダーは、ウィルソンの参戦論に、アメリカにおける伝道（mission）の伝統を見出している。[75] アメリカを西欧キリスト教文明の汚れなき孤塁であるとする発想は、その純潔を守るという意識とともに、外部の世界を救済できる人類唯一の希望の国という意識を伴っていた。

こうした意識は、国際関係と国内統合において、それぞれ二つの表れ方をみた。国際関係においては、アメリカを旧大陸の争いから切断してイノセンスを守るという孤立主義と、外部世界を救うべく国際的役割を担うという国際主義が表れる。そして国内統合においては、アメリカ社会の純潔を守るべく新移民を排斥するという文化防衛論と、アメリカ社会の福音を移民にももたらすという同化主義が表れる。ボーンが描いた「トランスナショナル・アメリカ」が、偏狭なナショナリズムに毒された西欧文明を救うという発想にも、その影響をみることができる。

またロイド・アンブロシウスは、国際連盟の発想の源として、この伝道意識にくわえ、社会制御（social control）の概念を挙げている。[76] 彼によれば、この概念は一九世紀末からアメリカ社会科学のなかに台頭したものである。この時期、革新主義の台頭とともに、自由放任をうたう社会進化論から、人為的制御による社会改良へと社会学の潮流が変化したのは前述の通りである。

こうしたアメリカ社会科学の流れが、一方で前述のシカゴ学派の社会調査を、もう一方では中央の知識エリートの科学力による社会制御の可能性をうたうことを生み出し、国内的には後年のニューディール政策を、国際的には国際社会の統一と制御の構想を生み出すまでに発展したという。アンブロシウスはその代表的論者として、社会学者のチャールズ・クーリーやフランクリン・ギディングス、さらにウォルター・リップマン、ジョン・デューイ、ハーバート・クローリーなどを挙げている。

後の三者を主に論じたシドニー・カプランは、この感情を「救世主としての社会技術者」と呼んでいる。[77] とくにデューイは、文化多元主義、国際主義、社会制御の三つの概念と、戦争と国際連盟の支持との関係をみるうえで興味深い。

プラグマティズム哲学と教育論で知られ、ボーンの師でもあったデューイは、新移民への対応についても論考を残している。デューイは、「純粋なアメリカ人、典型的なアメリカ人とは、それ自体ハイフン付きのものである」といい、「アメリカ人はその成り立ちからして民族横断的（international）であり、人種横断的（interracial）である」と述べた。また教育においても、アメリカ史を教えるさいにはもっと移民史に重点を置き、そのアメリカへの貢献を教えることで、子供たちに自分の民族的出自に誇りを持たせることが望ましいと唱えている。[78]

だがボーンとデューイの相違は、デューイが第一次大戦への参戦を支持したことだった。デューイの主張は、文化多元主義が戦争支持につながっていく経緯をよく示している。

デューイは一九一八年六月に発表した論考「社会的可能性と戦争」("The Social Possibilities of War")で、参戦に支持を表明した。[79] そこでも彼は、「独裁制が一様さ(uniformity)を意味するのと同じように、民主主義は多様化(diversification)を意味する」とし、「諸国民の文化的解放と地域自治」を支持している。

しかしデューイはこの論考で、戦争が「公共の社会的利益を、私的で所有的な利益に優先させるという、他の時世では長い時間がかかっただろう」変化をアメリカにもたらし、「すべての方面で科学的専門家のもつ技能を活用し、それを社会的目的のために組織することを習慣化した」と述べる。デューイは、これまで自由放任にされてきた産業を公共の視点から制御するようになったことなどをその事例として挙げ、それを「民主的統合制御(democratic integrated control)」と表現している。

だが民族自決によって国家が群生し、さらに各国政府のもとで社会制御と動員が行なわれれば、ふたたびおそるべき戦争を招かないか。デューイによれば、それを防止するのが「諸民族(nations)の真の協調(concert)の意味での世界連邦」なのである。デューイが諸国民の文化的解放と自治を認めたのも、あくまでこの世界連邦の枠内でのことであり、それなくしては、弱小国はふたたび強国を中心とした支配圏に編入されてしまい、その支配圏どうしで軍備競争を「より大きな規模でくりかえす」ことになるであろうという。ここから彼は、ウイルソンが戦争目的として掲げた民族自決と国際連盟結成を肯定する。

こうした発想は、アメリカの子供たちに、移民史教育を行なう際にも適用される。すなわち移民の文化を称揚するとしても、「ただし民族それ自体よりも、もっと高貴ですばらしい一つの全体を構成する、単なる一要素として敬意を払うべきものなのだと子供が思う」ようにするべきだという。

デューイにおいては、諸民族の連邦としてのアメリカと、世界連邦の原形となるべき国際連盟は、同じ原理にもとづいて構想されていることがわかる。前述したようにボーンも、アメリカを世界連邦のミニチュアであるとし、人類の模範となる「トランスナショナル・アメリカ」を築くことを提唱した。だがデューイは、ただ模範を示すだけでなく、アメリカ主導でそうした世界秩序を積極的に形成することを指向したのである。

デューイはいう。「要するにわれわれは、国内的にも国際的にも、よりよく組織された世界を、より統合され、より無秩序でないシステムを持たなければならないのである」。それは「世界連邦政府と、自由な実験の多様さと、自由に協力する自決した地域的・文化的・産業的諸集団への方向」である。それを保証するのが「民主主義」であり、「われらはそのために戦うのである」。

デューイだけでなく、カレンもまた、戦争とウイルソンの国際連盟構想を全面的に支持し、戦争中に精力的な執筆活動を行なった。そのうちの一冊である『永続平和の構造』（*The Structure of Lasting Peace*）は、アメリカの戦争目的を国際連盟と永続的平和の建設と位置付け、その現実性をアメリカ史から立証しようと試みたものである。[80]

カレンのこの著作によれば、アメリカ独立戦争の一三州連合が United States of America となって繁栄を築いたことが、すなわち諸国が連合して築くべき国際連盟の原型であり、アメリカが歴史的に成し遂げたことを世界も成し遂げるべきだという。同書の宣伝広告では、デューイがこの本を、「アメリカの理想が戦争の力強い遂行に没頭していることを明確にし、ドイツの専制に対する決定的勝利を保障する」ことに貢献するものだと絶賛している。

さらに、参戦の直後に発表された論文で、フレデリック・アレンは以下のように述べた。[81]

モンロー主義は汎アメリカ主義に成長した。……いまや、民主主義、自由、寛容、自決というアメリカの伝統が、戦争に直面している。これらの伝統が、われわれに参戦を正当化してくれているのである。……悔い改めぬドイツが、アメリカの理想と両立しないことをわれわれは知っている。ウイルソン大統領は新国際秩序を説いてきたが、それが遥か遠いヴィジョンであると思う者は多くとも、われわれはみなそれが素晴らしいヴィジョンになるだろうことを知っている。そして、その新秩序への第一歩が、できる限りの文明の活力をドイツの無法者たちに示してやることに違いなく、それが避けられないことも、われわれは知っている。

また、黒人指導者のW・E・B・デュボイスは、一九一八年七月の黒人運動機関誌に、以下のように書いた[82]。

いまやドイツの力が象徴するものは、黒人と有色人種の平等・自由・民主主義の願いにとって、死を意味している。ためらってはならない。この戦争が続くかぎり、われらはわれらだけの苦悩を忘れ、白人市民の仲間と、そして民主主義のために戦う連合国と、肩を寄せあい隊列を固めるのだ。

第一次大戦を通じて、三五万人以上の黒人が志願などで軍務についた。黒人将校養成のキャンプが開設されたとき、黒人学校であるハワード大学の学生委員会は、これを「南北戦争以来の偉大な好機」と呼び、「黒人、とくに教育ある黒人の価値を証明する」ために、学生に積極的な応募を呼びかけた。(83)

ドイツ系市民たちも、戦時下の差別と闘うために軍に応募し、ヨーロッパの前線で戦った。(84) もちろん、自分は外国人であると主張して徴兵に抗議した移民もいたが、それは少数派であった。(85) エスニック集団は、差別の克服のために、自分たちの集団の利益のために、「民主主義」にもとづく戦後世界構想のために、戦争に協力していったのである。

エスニック集団を解体することなく、「自由で自発的な協力」のもと政治的統一と戦争協力を行なわせることは、アメリカナイゼーション運動と矛盾しなかった。参戦後には、むしろ各地のアメリカナイゼーション運動の機関は、ゆきすぎた同化強制や反外国人感情を監視しさえした。運動のなかには、移民の文化を「諸民族の贈り物（Gifts of Nations）」と称え、移民に故郷の民族衣裳を着けさせ、アメリカ生れの人間も交えて、故郷の歌やダンスを交換しあうといった動きもあった。(86) そうしたプログラムを実施していたクリーブランド市のアメリカナイゼーション委員会は、こう宣言した。(87)

アメリカナイゼーション運動は、アメリカそのものよりも大規模な協力的事業である。それは、すべての人びとを一つの〝世界の兄弟〟にするかもしれない、世界規模の運動である。それは、国内においても国外においても、民主主義を世界に確保するという、偉大な戦争目的の一翼を担うものである。アメリカナイゼーション運動は、すべての人びとに民主主義をもたらす。まずアメリカ国境の内側に、そしてアメリカ国境の外のすべての人びとに。それは、世界がより偉大な産業的、教育的、経済的、そして政治的な自由を持つことができるようにするためである。

政府広報委員会（CPI）は、自由の女神のほかにも、移民の伝説的民族英雄の記憶を、戦時協力のポスターに流用した。また国外においては、CPIはアメリカ国内のエスニック集団に対して、ヨーロッパの故郷にプロパガンダを持ち帰る役割を担わせようとした。CPI長官のクリールは、戦傷を負ったイタリア系アメリカ兵たちをイタリアで療養させ、そこで彼らがウイルソンの福音を広め、「わが最良の宣伝者になるよう」にするというプランを進言した。[88]イタリアでのCPIの活動は、シカゴ大学政治学教授で、移民の政治ボス機構を批判して市長選挙に立候補して敗れたC・E・メリアムの指揮のもと行なわれていた。

一九一八年四月には、ヴァージニア州にあるかつてのワシントンの墓地のもとで、CPI主導の移民記念式典が開かれ、二三のエスニック集団の代表が参加した。アイルランド系歌手が「共和国の戦いの讃歌」を歌いあげ、集会の様子は各エスニック集団の新聞を通じて報道されるよう手配された。(89) セオドア・ルーズヴェルトを委員としたカーネギー財団主催のアメリカナイゼーション運動研究で、エスニック新聞の社会調査を担当したシカゴ学派のパークは、戦後に出版された報告で、エスニック新聞を無用に敵視することなく、政府による「連合を通じた制御(Control through Alliance)」で国家目的に協力をさせることを提唱している。(90)

図4　ポーランド系移民向けの戦時ポスター。ポーランド系の英雄がアメリカ独立戦争に貢献したことをうたっている。

　こうした動きの象徴は、一九一九年の戦時公債キャンペーンのポスター“AMERICANS ALL!”であろう。デュボイスをはじめとした各種のエスニック集団の代表者が、星条旗と自由の女神を模した女性のもと、このポスターに名を連ねた。逆に、優生学に依拠する移民排斥論者のグラントは、このポスターを見て、この「純粋に北方系の」「生粋のアメリカ人」の「本当に美しい女性」が、これらのエスニック集団たちの混合の結果生れたと示唆するものだとして、反発したのであった。[91]

こうしたなかにあってボーンは、最後まで戦争に反対し、国際連盟構想に疑念を表明した。彼は師のデューイと同じく国際主義と文化多元主義の立場にあったが、社会科学による上からの制御に対して懐疑的であった。[92] 参戦直後に、ボーンは戦争支持の知識人を批判した文章を書き、「信念の時世にあって、懐疑主義はもっとも許されぬ侮辱となっている」という言葉を記している。[93] 師との対立に傷ついたボーンは、一九一八年一二月、終戦の直後に他界することになる。

しかし第一次大戦が終結したあと、アメリカ議会はウイルソン大統領の意向に反し、国際連盟への加入に反対した。反対を主導したのは、旧大陸の国家と束縛的な関係を持つべきではないとする伝統的な孤立主義者たちと、国際社会を国際連盟によって制御することの可能性に疑問を抱いた政治的リアリストたちだった。[94]

図5　戦時公債キャンペーンのポスター
"AMERICANS ALL！"

最大の争点の一つとなったのは、議会の承認なくアメリカ軍を国際連盟のための軍事行動に派遣できるか否かであった。この点でウイルソンが妥協したならば、あるいは加盟は批准されたかもしれなかった。しかしウイルソンからすれば、一国の利害、一選挙区の利害しか反映しない議会や議員が、国際正義の実現を制約するなど認められないことであった。だがリアリストたちは、それによってあらゆる国際紛争、しかもどちらの側にも正義のない紛争にアメリカが巻き込まれることを怖れたのである。

ウイルソンなどが、国際連盟による軍事制裁行動としてどのようなものを想定していたかについては、クリールが実例を挙げている。それは、一九〇〇年に中国で起こった義和団事件の鎮圧だった。クリールは、このときアメリカ軍がイギリス、フランス、ロシア、ドイツ、日本などとともに多国籍軍に参加したことを例に、アメリカは「世界の平和と正義のために」国際的責務を果たす勇気を持っていたではないか、と書いている(95)。

アメリカはこの義和団鎮圧で領土的野心を満たしたわけではなかったし、また有色人種の日本軍とともに戦ったという点でも、クリールからすれば理想的な例であったろう。列強の進出と植民地化に対して蜂起した義和団らは、列強の造った国際法規を知る由もなく、鎮圧する側からみれば無法者でしかなかった。なお、このとき副大統領として現地に派遣されたセオド

ア・ルーズヴェルトは、日本軍の軍事的活躍をみて、「日本人種」に対する見解を改めたと述べている。(96)

しかし、移民制限法案に拒否権を行使してきたウイルソンの失墜は、移民問題でも変化をもたらすことになった。一九二一年にウイルソンが最後の拒否権を行使したあと、「平常への復帰」を掲げる共和党のウォーレン・G・ハーディングが大統領の座につき、移民制限法案（一九二一年緊急割当法）が通過した。そして一九二四年、グラントの影響を受けたアルバート・ジョンソン下院議員らによるジョンソン＝リード法の成立は、一九六五年まで、移民への門を閉ざすことになったのである。(97)

図6　街頭に貼り出される“AMERICANS ALL！”のポスター

ウイルソンにとって、移民への門戸開放は、彼が一九一七年の移民制限法案に拒否権を行使したさいに述べた言葉によれば、「国境を越えた世界の人々との関係を尊重する、国家の伝道精神と魂」の表現にほかならなかった。[98]　逆に、彼が戦争突入に反対していたときには、「戦争から免れている唯一の白人大国」という意識をもっていたことは前述の通りである。

すなわち、外部の汚れからアメリカのイノセントを守ろうとする孤立主義が反戦に結びつき、アメリカの伝道が世界を救うとする国際主義が移民受け入れ・国際連盟加入・参戦に結びついていた。こうした二つの心情の対立は、アメリカ世論に内在していたものであると同時に、ウイルソン個人のなかでも見られたものであった。そして、移民受け入れを支えた論理のうちで、もっとも普遍的なものであった文化多元主義は、デューイやカレンによって、参戦を支える論理へと変えられていったのである。

ただし、あくまでアメリカのマジョリティの立場から「民主主義」と国際連盟構想を唱えたデューイなどとは異なり、カレンがそうしたテーマにどこまで関心があったかは疑問でもあった。カレンは戦後に発表した著作『シオニズムと世界政治』(*Zionism and World Politics*)で、中欧のユダヤ人を戦争の最大の犠牲者だったと表現し、戦時中に唱えられた「正当化」のうちで、中欧出身者の心をとらえたのは、民主主義や永続的平和よりも、結局のところ民族自決のスローガンだったと述べている。[99]

つまるところ、カレンにとって関心事は中欧ユダヤ人の境遇改善であり、アメリカ国家の統合原理の構築は、彼にとっては「正当化」にすぎなかったのかもしれない。そしてこの著作『シオニズムと世界政治』で彼が主張したのは、諸民族の連邦や国際連盟ではなく、ユダヤ民族国家をパレスチナの地に建設することであった。いわばアメリカの文化多元主義は、戦争という状況のなかで、マジョリティとマイノリティの同床異夢のうちに形成されたともいえる。

いずれにせよ、こうして形成された文化多元主義と国際主義にもとづくナショナリズムは、多民族国家アメリカを戦争に動員する機能を担うことになった。そこでは、カレンの構想にみられたように、エスニック集団の自決（またはそれへの期待）がそのまま国家への忠誠に連結されていた。ボーンの唱えた国際主義を基礎にした「トランスナショナル・アメリカ」という国家像は、デューイによって上からの制御による社会改良指向と結びつけられ、アメリカの文化多元主義の国際版というかたちで国際連盟構想を正当化し、戦争に目的を与えていった。

こうした文化多元主義や、政府の介入による社会制御の思想は、もともとアメリカナイゼーション運動にも共通する要素があったものであった。そして文化多元主義と国際主義が総動員の機能を果たすとともに、アングロサクソンの民族的純潔を守るという差別感情は、国家統合と参戦に反発する孤立主義に近いものとして機能していったのである。

Ⅳ　普遍的ナショナリズム

本稿序章に紹介したノイマンによるナチス研究の例に見られるように、国家統合を優先するナショナリズムは、民族の枠を越えるという側面を持っている。

ナショナリズムの持つ民族主義的な側面と、民族を越える側面を整理した論者としては、ハンス・コーンが知られている。彼によれば、一八世紀に近代ナショナリズムの思想が西欧で生れたときには、それまでの身分制秩序や宗教による分断を打破し、「国家の全構成員（市民）が国政とその活性化に主体として等しく参加する」ための論理として発生したのだという。[100]

コーンによれば、フランス革命とアメリカ独立革命は、そうした近代ナショナリズム成立の画期であった。それは一定の領域内の人びとを、身分や地域をこえた「国民」として統合していく論理であり、もともと身分や血統、人種や宗教などの枠をこえるものであった。

コーンの見解にしたがえば、本来ナショナリズムは、こうした原理として発生した。ところがドイツや東欧では、ロマン主義思想などの影響のもと、西欧とは異質な民族中心主義のナショナリズムが発生した。それが、現在われわれが見る民族主義的ナショナリズムなのだという。

そしてコーンは、出自や伝統ではなく、自由や人権という共通の理念に建国の基礎を置いたアメリカこそが、現在でもナショナリズム本来のありかたをよく表していると位置付けるのである。

コーンの描いた図式は、西欧やアメリカの民族をこえたナショナリズムと、中東欧の民族主義的なナショナリズムを対比させる二分法の色彩が強く、これに対しては多くの批判がある。しかし「人種主義はナショナリズムに対立する要因」であったと位置付け、アメリカ独立革命を賞賛したハンナ・アーレントなども、こうした二分法に影響を受けているといえる。[101]

コーンはアメリカのナショナリズムについて論じた著作では、アメリカの同化力を高く評価しているものの、カレンやボーンに関しては、同化力の揺らぎと位置付けて積極的には評価していない。[102]しかし彼が、これらの文化多元主義を同化主義と対立するものとしてとらえず、むしろアメリカの普遍的理想主義の伝統に根ざしたものと解釈したことは、的を射ているように思える。文化多元主義は、第一次大戦によってより幅広い国家統合の必要が生じたとき、アメリカナイゼーション運動の同化主義を批判しつつも、その延長上に生れたものであったからである。

もともと二〇世紀の総力戦における総動員は、その国内構成員を統合できるだけの普遍性をもった理念を必要とする。アーサー・マーウィックなどイギリスにおける歴史研究は、総力戦によって、階級や性にもとづく対立を緩和するような社会変動、例えば労働福祉政策や女性参政権などがもたらされることを指摘している。[103] 戦争がより普遍的な統合原理を必要とするという現象が、多民族国家アメリカにおいて生じたとき、文化多元主義が生れたといえる。さらに、民族をこえる普遍的な統合原理は、そのまま普遍的な国際主義となって、アメリカの戦争目的および国際社会観に転化した。こうした現象は、第一次大戦だけでなく、その後においても発生した。クリストファー・ソーンは、第二次大戦におけるアメリカの極東処理構想を評して、こう述べている。[104]

それらは、根本的にはアメリカの政治風土の基本をなすアメリカ人自身のアメリカ像、すなわちアメリカ社会はたんに「独自」のものであるだけでなく、「人類の偉大な希望」であり、すべての人にとっての手本、目標であるという信念から生れたものだった。セオドア・ホワイトがのちに、スティルウェル将軍の当時の中国問題に対する態度について書いているように、「彼はアメリカ人の……伝統の申し子だった。アメリカ人は自分たちが正しい国民だと堅く信じていたので、どこにいってもアメリカ人はありがたがられるものと確信していた。スティルウェルにしても、アメリカにとってよいことが他国の人々にとってよくなかったり、間違っていたりすることがあるなどとは考えもつかなかった」のであった。アメリカ社会の構成そのもの、多種多様な背景を持つ人々が「るつぼ」を通って、ポーランド人や中国人ではなく「アメリカ人」になったというその歴史的経験が、このような見解を強めると同時に、地球上に住むすべての人々をも、アメリカ人の卵だとみなす傾向を生むようになった。

アングロサクソン中心の人種主義や、単純な同化主義よりも、文化多元主義の持ち主のほうが、こうした傾向を強めることは予想できる。国内の差別や統合をより寛容なかたちで解決するほど、独善的な国際主義に陥る危険性を伴っているともいえる。

文化多元主義は、論壇レヴェルでは第一次大戦の際に生れたものの、より定着したのは第二次大戦のときであった。アロンゾ・ハンビーは、第一次大戦と第二次大戦のアメリカの動員理念の変化について、こう述べている。[105]

二つの大戦において、動員体制の主要な側面となったものは、各々あい異なる集団の宥和と自由民主主義の理念への圧倒的な忠誠心をなんらかの形で基礎とする、アメリカ国民性の力説であった。第一次大戦においては、目標像は「人種のるつぼ」から生れてくる合成物、つまり「アメリカ化した」移民、という線に沿ったものであった。第二次大戦においては、明瞭に多元的なものとなり、アメリカの理念をともに信奉し戦争の勝利を共通の目標とするが、人種集団としてはっきり違うものを含むものとなった。この目標像は戦意昂揚の宣伝の中で広範に美化して描かれ、ハリウッド映画で手をかえ品をかえて展開される典型的な歩兵分隊にもっとも印象的に示されてきた。つまり、アングロサクソンでプロテスタントの農民と都市に住む新移民とが、また貧しい者と富んだ者が同じ分隊に配属され、たがいの猜疑心をのりこえ、共通の目標にむかってしだいに連帯感を形成するという物語である。

ジェニー・ベイシンガーは、この種の映画の起源として、一九四二年制作の映画『バターン!』(*Bataan!*)を挙げている。登場人物たちの部隊は、東部・南部・西部などアメリカ各地出身のWASPが六名、ヒスパニック一名、ユダヤ系一名、ポーランド系一名、アイルランド系一名、黒人一名に加え、連合軍の役にあたるフィリピン国軍人三名で構成されていた。なお、脚本段階では、アメリカ先住民スー族の兵士もいたという。[106]

また一九四四年に公開され、当時のアメリカ映画史上最大の予算を投じて制作された映画

図7　映画『バターン！』の登場人物たち

『ウィルソン』（*Wilson*）は、第二次大戦後の国際連合加盟への世論形成を目的としたものだったが、ここにも多民族アメリカ軍のイメージが使われている。それは、多様な民族的・社会的背景を持つ兵士たちが共通の目的のもとに協力する様子をウィルソンが見て、「これこそ、いつの日か全世界が学ばなくてはならないものだ」と述べるというものであった。[107]

しかしアメリカ内部において、こうした「トランスナショナル」なナショナリズムが、戦争に結びつくという自覚は、必ずしも広範なものではない。トレメイン・マクドウェルは、孤立主義をアメリカのナショナリズムの不健康な形態と位置付け、アメリカのナショナリズムには二つの流れがあると述べている。その一つは、分離主義的なセクショナリズムから孤立主義、そして帝国主義へと向かうもの。もう一つは、相互依存を前提とした地域主義から文化多元主義へ、そして「一つの世界（One World）」へと向かうものであるという(108)。

たしかに、アメリカの孤立主義の外交的表現だったモンロー主義は、ヨーロッパからの断絶であると同時に、西半球をアメリカの勢力圏として宣言したうえでの相互不干渉をうたうものであった(109)。その意味では、孤立主義は世界分割と経済圏形成に向かう帝国主義であるという位置付けも、また正当である。序章で紹介したノイマンも、ナチスの経済圏形成の理念を「ゲルマン的モンロー主義」と名づけている(110)。

しかし、マクドウェルがこれを記した一九四八年――マーシャルプランの翌年、チェコ政変とベルリン封鎖の年――において、文化多元主義にもとづく「一つの世界」をうたうことの意味は、無視できないであろう。ハイアムがいうように、「もし敵が全体主義であるのなら、アメリカは多元的でなくてはならないはずである(111)」。この逆もまた真であろう。アメリカが多元的であるのなら、敵は全体主義的であるはずなのである。

そしてマクドウェルは、この「一つの世界」を築くことは長い道程になるだろうと述べ、こう付け加える。「このレース——実際は百ヤード競争でなくマラソンであるが——をわれわれが最大速度で走り続けるようにしてくれるものは、ときおり我らの足もとに投下する原子爆弾の炸烈なのである[112]」。

またルイス・スナイダーは一九六八年に、マクドウェルの文化多元主義＝「一つの世界」論を引用しつつ、以下のように述べている[113]。

孤立主義者的心情は、あたらしいアメリカのナショナリズムにはほとんどなかった。アメリカ民衆の大多数はベトナムへの介入を膨脹主義とみなさず、乱された世界に秩序を維持するために必要な仕事とみていた。この心情は、アメリカが自らの意に反して、世界の警察官の役割を強いられているというものであった。

アロンゾ・ハンビーは、二〇世紀のアメリカの戦争——第一次大戦、第二次大戦、朝鮮戦争、ベトナム戦争——を導いたのが、いずれも民主党の、国内改革に取り組んだリベラル系の大統領（ウイルソン、フランクリン・ルーズヴェルト、トルーマン、ケネディ、ジョンソン）であったことを指摘する。ハンビーによれば、このことは矛盾でも何でもなく、リベラル派の政権のほうが、国内においても国外においても「十字軍的な改革理念を強く感じている」からだという。アメリカは自然資源に恵まれ、しかも大洋に囲まれているため、防衛上の理由は戦争目的として掲げられず、戦争は理念による理由づけがなければ行なわれないというのである[114]。

さらにいえば、これらの政権は、連邦政府の権限を強め福祉・経済政策を行なうことで社会矛盾を解決しようとしたり、また何らかのかたちで人種問題解決に介入するなどの傾向を持っていた。またアメリカは、これらすべての戦争において、連合軍や国連軍など、何らかのかたちの多国籍軍隊の一部という名目で戦っており、決して一国で戦争を行なうという形式をとらなかったのである。

湾岸戦争についても、これらのことはあてはまる。ブッシュ政権は共和党ではあるが、ブッシュは就任時に、執務室にレーガンがかけていた自由放任主義のクーリッジの肖像画を、セオドア・ルーズヴェルトのものにかけかえたという[115]。そのブッシュを保守の裏切り者と批判して大統領予備選に出馬した共和党保守派のパット・ブキャナンは、アファーマティブ・アクション政策などに反対してエスニック団体から批判されているが、同時に湾岸戦争に反対した政治家でもあった。

ブキャナンの戦争反対理由は、正義を掲げての戦争よりも、内政の優先をというものであり、彼が予備選で掲げたスローガンは"America First"であった。このスローガンは、一九三〇年代後半に活動していた右翼組織――大西洋横断飛行士チャールズ・リンドバーグがこの組織に加入していたことで知られる――の名称でもあるが、当時のこの種の団体の掲げた目標は、反共、反ユダヤ、そして反戦であった(116)。

さらに大統領選挙中の共和党大会において、ブキャナンはクリントンを「史上もっともプロレズビアン、プロゲイの候補」と罵って差別感を露わにしたが、それに対しクリントンが打ち出したのは、米軍における同性愛者排除の撤廃であり、国防総省に人道主義的介入のための「民主主義担当」の国防次官補ポストを新設することであった。それに先立ち、湾岸戦争後の一九九一年五月、米議会は女性兵士の戦闘参加禁止規定を撤廃していた。この規定は、アメリカ最大の女性団体NOW(全米女性機構)から、女性の軍での昇進を妨げる性差別として、批判されていたものだった。

戦争への参加が、マイノリティ側から差別撤廃の象徴とされるという現象は、いささか逆説的に聞こえるかもしれないが、アメリカでは珍しい現象ではない。もともと第二次大戦までの米軍における黒人は、黒人部隊として白人とは別個の部隊に隔離され、火器を持たせることになる戦闘部隊にはあまり配属されず、もっぱら補給部隊や工兵隊などで労役やコックなどとして使役されてきた経緯があった。そのため一部の黒人運動史では、黒人がいかに軍で差別されていたかを強調しつつ、それにもかかわらずアメリカの勝利に貢献し、ついには戦闘部隊での活躍の機会を手に入れて黒人の能力を証明するに至ったかを記述する傾向があった。[117]

日系移民の歴史においても、第二次世界大戦時の強制隔離などの迫害が語られると同時に、著名な「二世部隊」で日系人兵士が勇敢に戦い、アメリカの勝利に貢献したことを強調する傾向があったことは、よく知られるとおりである。ルイス・アダミックは、一九三〇年代から四〇年代にかけて多民族共存のアメリカ像を提示する作品を書き続けたことで知られる作家だが、彼が日系人差別を告発した小説『日本人の顔をした若いアメリカ人』においても、主人公の日系二世青年は、様々な差別にさらされたあと、「アメリカの軍隊に志願しようと思った。陸海軍あるいは海兵隊ほどアメリカ人であるのを証明するところはないはずだ」と決意するのである。[118]

前述のように第二次大戦までの米軍では、黒人や日系人などは、白人とは別個の部隊に隔離編成されていた。米軍での人種隔離編成が廃止されたのは一九四八年であり、これはアメリカ社会一般よりもむしろ先行していた。

例えば一九五五年、アラバマ州モントゴメリーで、人種隔離政策への抗議のためのバス・ボイコット運動がマーティン・ルーサー・キング牧師の指導のもとで開始されたさい、モントゴメリーの街では人種隔離が行なわれていたにもかかわらず、この地にあった連邦空軍基地ではすでに人種隔離が撤廃されていた。そしてこの時点のキングは、「戦争はおそるべきものであるが、全体主義体制――ナチ的ファシスト的体制や共産主義体制――に屈服するよりはましかもしれぬ」と、冷戦の論理を認めていたのである。[119]

このような黒人運動史の記述の傾向、すなわちアメリカの戦争に貢献することによって差別撤廃を達成するという論理は、アメリカの先住民運動やフェミニズム、ゲイ運動などにも影響した。そのため、先住民や女性、同性愛者などがいかに米軍において差別されてきたか、それにもかかわらずアメリカの勝利に貢献し、戦闘において自己の能力を証明したかを記述した歴史研究が、それぞれのマイノリティについて書かれている。[120]

もちろんこうした歴史記述の存在は、必ずしもそれらのマイノリティ運動の思想全体を代表するものではない。しかし一面においては、軍隊における戦闘部隊参加は、アメリカにおいては、マイノリティの平等達成の指標の一つとして確立しているともいえる。その意味では、前述したようにNOW（全米女性機構）が女性の戦闘部隊参加を差別の撤廃とみなしたことは、こうした流れに沿った行動なのである。

図８　1992年参議院選挙における自民党ポスター

本稿全体をふりかえってみるならば、アメリカで「多様な民族が共存する多民族国家」という自画像（ナショナル・アイデンティティ）の思想が生み出されたのは、第一次世界大戦を契機としてだったということができる。新移民を統合して戦争を行なうことを迫られたからこそ、特定の民族集団の文化には根ざさない「トランスナショナル」なナショナリズムが生まれたのである。

しかしその「トランスナショナル」なナショナリズムは、一方においては、戦争の敵の存在を前提とした統合であった。「共通の敵」と戦うために統合を達成するという目標があってこそ、「多様な民族が共存する国家」という自画像が広く採用されえたのである。

そしてそうしたアメリカの自画像は、第二次大戦においても、冷戦においても持続された。いわばアメリカは、一九世紀末に新移民の大量流入を経験し、統合の危機に直面したあと、くりかえし戦争を続けるなかで、「共通の敵」と戦う「多様な民族が共存する国家」という自画像を生産してきた。端的にいえば、二〇世紀以降のアメリカは、つねに「共通の敵」を設定し、戦争状態を維持するなかで、国内統合を保ってきた国家だったという側面を持っているともいえるのである。

ただし類似の現象は、アメリカ以外でも存在する。例えばフランスの右派団体として知られる国民戦線は、移民排斥を主張する一方で、湾岸戦争への参戦には反対した。その理由は、反ユダヤ主義と、中東の殺し合いにフランス人が血を流す必要はないというものであった。フランスで湾岸戦争に反対した国民戦線と社会党シュベーヌマン派は、同時にEU統合のマーストリヒト条約に反対した政治勢力でもあった。そして日本でも、自衛隊海外派遣の道を開いたPKO法案通過後の一九九二年の参議院選挙における自民党のポスターは、多民族野球チームを模したものであった。

「トランスナショナル」なナショナリズム、普遍という名のナショナリズムは、二〇世紀の戦争の歴史のなかから生み出された、ひとつの逆説である。それは世界最大の強国となったアメリカをはじめとして、多くの地域におけるナショナリズムに含まれている逆説なのである。[121]

補論

ネオコンについて

本稿「普遍という名のナショナリズム」は一九九二年に執筆したものだが、ここで検証対象にした第一次大戦期の「文化多元主義 cultural pluralism」と、一九八〇年代から九〇年代以降にアメリカの論壇をにぎわしてきた「多文化主義 multiculturalism」との関係は、一言では語りにくい。両者は性格の異なるものだという見解もあるし、類似のものだという見解もあるようである。そもそも多文化主義の解釈や内容が、論者によってまちまちで、明確になっていない。これについては、安易なコメントは差し控えたい。

それとは別個に補足しておきたいのは、近年言及されることの多いアメリカのネオ・コンサーヴァティヴ、いわゆる「ネオコン」の問題である。

本稿では、文化多元主義と戦時総動員の連続性を指摘する一方、アメリカの国内政策と国際戦争の関係については、アメリカの歴史学者アロンゾ・ハンビーの指摘を紹介した。トルーマンの研究などで知られるハンビーの主張は、第一次大戦や第二次大戦、ヴェトナム戦争などを導いたのは、国内改革に意欲を持つ民主党の大統領だったのであり、それは国内においても国際社会においても「十字軍的な改革理念」を持っていたからだ、というものだった。

筆者も本稿では、このハンビーの指摘になかば沿ったかたちで、孤立主義的な保守の立場からの反戦論を紹介している。そうした図式を前提にすれば、保守派でありながら国際介入に熱心な「ネオコン」は、どう位置付けられるのか。

これについては、「ネオコンは保守ではない。もともとは、米国では『冷戦リベラル』と言われる左翼だ」といった見解が、アメリカには存在する。(1) この種の説明によれば、以下のようになる。従来の共和党保守派は外交に関しては孤立主義的であり、国際介入とは距離をおいていた。しかしネオコンは、もともとは民主党に近い立場にあったものの、反共軍事介入に熱心であったため、冷戦期に民主党から離れた人びとである、というのである。

そのため本稿でも紹介した共和党保守派のパット・ブキャナンなどは、「冷戦時代に民主党からの転向者を歓迎していたら、連中に共和党を乗っ取られてしまった」と述べている。(ii) ネオコンの思想的な「ゴッドファーザー」と俗称されるアーヴィング・クリストルが、元極左トロツキストでありユダヤ系であることなどから、ネオコンは「保守主義ではなく、右翼のトロツキー主義だ」「大半はユダヤ系だが、キリスト教右派と密接につながっている」といった説明もあるようだ。(iii)

もっともこうした説明を、そのまま信頼することには慎重でなければならない。なぜなら、こうした説明を唱えている人びとは、ネオコンと対抗関係にある共和党保守派ないしその支持者であることが多く、ネオコンを「民主党からの転向者」とレッテル貼りすることによって、自分たちこそが共和党本流であることを示そうとする意図が感じられるからである。

とはいうものの、このような説明が出現するということじたいが、ネオコンが従来のアメリカ政治の文脈とは異質な存在と受けとめられていることを示しているとはいえそうである。筆者は現在はアメリカ研究からは離れてしまっているので、安易な憶測は慎まねばならないが、私見では以下のことが指摘できると思う。

ネオコンが思想的にみてアメリカ政治においてまったく新奇な存在であるかどうかは、断定がしにくい。見ようによっては、ネオコンの世界観は「世界大化したモンロー主義」と考えられないこともないからである。ただ考えられるのは、ハンビーが指摘したような図式——ごく単純化していえば、民主党＝国際主義、共和党＝孤立主義といったような図式——が、ヴェトナム戦争を境に流動化しつつあるのではないか、ということである。

一九六〇年代を境として、アメリカ社会の思想的地図が大きく変貌したことは誰しも指摘するところだが、ここで考えたいのは社会構造の変化である。産業構造の変化、国際取引の増加、交通・通信の発達、マスメディアの浸透といった一連の事態——「近代化」とか「グローバリゼーション」とか呼ばれる現象——は、先進国では一九六〇年代以降、途上国や旧ソ連東欧圏では一九九〇年代以降に一段と進展した。

日本において、この時期に思想的にも構造変動が起きたことは、拙著『〈民主〉と〈愛国〉』(新曜社、二〇〇二年)に部分的に記した。世界観や外交観をふくめた政治思想において、それまでの文脈の内部における勢力変化ではなく、文脈そのものの変化が起きてしまうという現象が、社会的な構造変動に伴って発生したのである。アメリカにおいても、そのような現象が生起していた可能性はありうると思う。

例えば政党人脈の問題についていえば、ヴェトナム戦争の時期から民主党がハト派化するなかで、反共強硬外交を唱えて民主党から離れていった人びとが現在のネオコンの起源であるという指摘がなされている(iv)。しかしそれは、民主党や共和党の支持基盤が、六〇年代以降の社会変動に伴って変化していったこととも無関係ではないのではないかと思う。

さらに考えてみれば、従来の「保守・革新」の文脈にあてはまらない右派運動が、一九八〇年代から九〇年代に台頭したという現象は、アメリカに限らず世界各地で起きたことであった。筆者が知る限りでも、インドのヒンドゥー・ナショナリズムや、日本の「新しい歴史教科書をつくる会」などが、その事例として挙げられる。

例えば「新しい歴史教科書をつくる会」についていえば、この運動は従来の保守言説の断片を、あたかも蓑虫が木の葉を寄せ集めて外皮とするようにまとっている。あるいは、従来からの保守論者や、左翼からの転向者をリーダーに含んでいる。そのため、従来の保守運動の延長線上にあるもの、あるいは転向左翼の運動などとみなされがちである。しかし外皮のなかにあるものを検証してみると、従来の文脈における保守とは異質な、社会全体の構造変動のなかで発生した現象であることがうかがえる。

アメリカのネオコンについても、同様の側面があるのではないかというのが、筆者の憶測である。こうした憶測を検証する力量は筆者にないが、現代社会を再考するうえでの一つの示唆として、私見を述べる次第である。

註

（1）青木保・加藤典洋「アメリカが見えない」、『現代思想』一九九一年九月号、一六六頁。

（2）Franz Neumann, *Behemoth : The Structure and Practice of National Socialism*, London : Oxford University Press, 1944.（加藤栄一・岡本友孝・小野英祐訳『ビヒモス』、みすず書房、一九六三年、九一頁。）

（3）Neumann, *ibid.*, p. 95.

（4）Bernard C. Nalty, *Strength for the Fight : A History of Black Americans in the Military*, New York : The Free Press, 1986.

（5）Doris A. Paul, *The Navajo Code Talkers*, Philadelphia : Dorrance & Company, 1973.

（6）Lorence Sakamoto『二世部隊』、住吉書房、一九五〇年。

（7）John Higham, *Send These to Me : Jews and Other Immigrants In Urban America*, New York : Atheneum, 1975, p. 220.

（8）宮田節子『朝鮮民衆と「皇民化」政策』、未來社、一九八五年、七九頁。

(9) 飯野正子「近代アメリカの形成とエスニック集団」、明石紀雄・飯野正子・田中真砂子『エスニック・アメリカ』、有斐閣、一九八四年、八四頁。
(10) 同論文、八五頁。
(11) Howard C. Hill, "The Americanization Movement", in Richard J. Meister (eds.), *Race and Ethnicity in Modern America*, Toront : D. C. Heath and Company, 1974, p. 30. (原文は一九一九年。)
(12) Woodrow Wilson, "Address at Convention Hall, Philadelphia", in Philip Davis (eds.), *Immigration and Americanization : Selected Readings*, New York : Boston, 1920, p. 612.
(13) 難波義雄『アメリカの民族政策』、那古野書店、一九四〇年、一〇〇-一〇四頁。
(14) David M. Kennedy, *Over Here : The First World War and American Society*, New York : Oxford University Press, 1980, p. 66.
(15) Stephan III Meyer, *The Five Dollar Day : Labor Management and Social Control in the Ford Moter Company 1908-1921*, New York : State University of New York Press, 1981, p. 116.
(16) 難波、前掲書、一〇五頁。
(17) Hill, *op. cit.*, p. 35.
(18) John Higham, *Strangers in the Land : Patterns of American Nativism*, 1860-1925, Rutgers, 1955, pp. 196-197.
(19) 資源局『世界大戦における米国総動員概説』、松山房、一九三四年、二六八-二七七頁。
(20) Richard O'Connor, *The German American*, Toront : Little, Brown & Company, 1968, p. 412.
(21) 飯野、前掲論文、一〇〇頁。

(22) Theodore Roosevelt, " Americanism ", in Philip Davis (eds.), *op. cit.*, p. 648.
(23) John Higham, *op. cit.*, 1975, p. 196.
(24) Milton M. Gordon, *Assimilation in American Life*, New York : Oxford University Press, 1964. など。
(25) Raymond F. Betts, *Assimilation and Association in French Colonial Theory 1890-1914*, New York : Colombia University Press, 1961, p. 10.
(26) Betts, *ibid.*, p. 11.
(27) Betts, *ibid.*, p. 15.
(28) Betts, *ibid.*, p. 17.
(29) Betts, *ibid.*
(30) Richard C. Harper, *The Course of the Melting Pot Idea to 1910*, New York : Arno Press, 1980, p. 220.
(31) Madison Grant, " The Passing of the Great Race ", in Richard J. Meister (eds.), *op. cit.*, p. 43.
(32) Higham, *op. cit.*, 1955, pp. 236-237.
(33) Higham, *ibid.*, pp. 240-242.
(34) 新川健三郎「アメリカの参戦」『20世紀の歴史』日本メールオーダー、一九七四年、六五四-六五六頁。
(35) Kennedy, *op. cit.*, p. 67.
(36) John Higham, *op. cit.*, 1955, p. 242.
(37) Frances A. Kellor, " What Is Americanization ", in Philip Davis (eds.), *op. cit.*, pp. 623-637.
(38) 新川、前掲論文、六五四頁。
(39) Neil A. Wynn, *From Progressivism to Prosperity*, New York : Holmes & Meier, 1986.

(40) 宇賀博『アメリカ社会学思想史』、恒星社厚生閣、一九九〇年、一一四-一四〇頁。
(41) 中村八朗「訳者解説」、『ミドルタウン』、青木書店、一九九〇年、三七九頁。
(42) Maurine W. Greenwald, *Women, War, and Work : The Impact of World War I on Women Workers in the United States*, Ithaca : Cornell University Press, 1980, pp. 65-70.
(43) Hill, *op. cit.*, p. 32.
(44) Roosevelt, *op. cit.*, pp. 645-659.
(45) Thomas G. Dyer, *Theodore Roosevert and the Idea of Race*, Baton Rouge : Louisiana University Press, 1980.
(46) John H. Franklin, *From Slavery to Freedom*, 4th ed., New York : Alfred A. Knopf, Inc., 1974.（井出義光・木内信敬・猿谷要・中川文雄訳『アメリカ黒人の歴史』、研究出版社、一九七八年、三〇九頁。）
(47) Wilson, *op. cit.*, p. 612.
(48) 難波、前掲書、二四一-二四二頁。
(49) Kennedy, *op. cit.*, p. 58.
(50) 飯野、前掲論文、九三頁。
(51) 難波、前掲書、二四三頁。
(52) Kennedy, *op. cit.*, p. 66.
(53) Higham, *op. cit.*, 1955, p. 83.
(54) Robert E. Park, E. W. Burgess, *Introduction to the Science of Sociology*, Chicago : The University Chicago Press, 1921, pp. 735-740.

(55) 秋元津郎「R・E・パークにおける人種と文化」、『社会科学討究』、第三〇巻一号、一九八四年、四一頁。
(56) Gordon, *op. cit*.
(57) Gordon, *ibid*., p. 139.
(58) Higham, *op. cit*., 1975, pp. 204-205.
(59) Horace M. Kallen, " Democracy versus The Melting Pot ", in Richard J. Meister (eds.), *op. cit.*, pp. 53-61.
(60) Gordon, *op. cit*., pp. 120-121.
(61) Israel Zangwill, *The Melting Pot*, New York : Macmilan, 1909.
(62) Dyer, *op. cit*., p. 131.
(63) Randolph S. Bourne, " Trans-National America ", *Atlantic Monthly* (Jul. 1916), pp. 86-97.
(64) Franklin K. Lane, " What America Means ", in Philip Davis (eds.), *op. cit.*, pp. 617-619.
(65) Kellor, *op. cit*.
(66) 新川、前掲論文、六五八頁。
(67) 名古忠行『アメリカン・コモンウェルス』、法律文化社、一九九二年、五五頁。
(68) 新川、前掲論文、六五八頁。
(69) Lloyd E. Ambrosius, *Woodrow Wilson and the American Diplomatic Tradition*, New York : Cambridge University Press, 1987, p. 30.
(70) Kennedy, *op. cit*., p. 42.
(71) Ambrosius, *op. cit*., p. 31.
(72) Woodrow Wilson, " War Message to Congress ", in Diane Ravitch (eds.) *The American Reader*, New

York : Harper Perennial, 1991, pp. 240–242.

(73) R. Fred Wacker, *Ethnicity, Pluralism, and Race : Race Relations Theory in America Before Myrdal*, London : Greenwood Press, 1983, p. 21.

(74) Kennedy, *op. cit*., p. 66.

(75) Louis L. Snyder, *New Nationalism*, New York : Cornell University Press, 1968, p. 272.

(76) Ambrosius, *op. cit*., p. 2.

(77) Sidny Kaplan, " Social Engineers as Saviors : Effects of World War I on Some American Liberals ", *Journal of the History of Ideas* 17, 1956.

(78) Gordon, *op. cit*., p. 137.

(79) John Dewey, *Characters and Events* (ed. by Joseph Ratner), New York : Henry Holt, 1920, pp. 551–560.

(80) Horace M. Kallen, *The Structure of Lasting Peace*, Boston : Marshall Jones Company, 1918.

(81) F. L. Allen, " The American Tradition and the War ", *Nation* 104 (Apr. 26, 1917), p. 485.

(82) Edwin Dorn, " Race and the American Military ", in N. F. Dreisziger (eds.) *Ethnic Armies*, Waterroo : Wilfried Laurier University Press, 1990, p. 96.

(83) Nalty, *op. cit*., p. 110.

(84) Richard O'Connor, *The German American*, Toront : Little, Brown & Company, 1968, pp. 421–428.

(85) H. C. Peterson, G. C. Fite, *Opponents of War 1917–1918*, Madison : University of Wisconsin Press, 1957, pp. 82–83.

(86) Higham, *op. cit*., 1955, pp. 250–252.

(87) Hill, *op. cit*., p. 32.

(88) Kennedy, *op. cit*., p. 65.

(89) Kennedy, *ibid*., p. 65.

(90) Robert E. Park, *The Immigrant Press and It's Control*, New York : Harper & Brothers, 1922, pp. 448–451.

(91) Snyder, *op. cit*., p. 269.

(92) Ambrosius, *op. cit*., p. 297.

(93) Randolph S. Bourne, *War and Intellectuals* (ed. by Carl Resek), New York : Harper & Row, 1964, p. 5.

(94) Ambrosius, *op. cit*., pp. 172–250.

(95) George Creel, *The War The World and Wilson*, New York : Harper & Brothers, 1920, p. 355.

(96) Dyer, *op. cit*., p. 136.

(97) Higham, *op. cit*., 1955, p. 311, p. 313.

(98) Lillian D. Wald, " New American and our Policies ", in Philip Davis (eds.), *op. cit*., p. 437.

(99) Horace M. Kallen, *Zionism and World Politics*, New York : Doubleday, Page & Company, 1921, p. 157.

(100) Hans Kohn, " Nationalism ", in Philip P. Wiener (eds.), *Dictionary of the History of Ideas*, New York : Macmillan Pubulishing Company, 1968.（佐々木毅・木村靖二・長尾龍一訳『国家への視座』平凡社、一九八八年、二二三頁。）

(101) Hannah Arendt, *The Origins of Totalitarianism*, New York : Harcourt, Braced world, Inc. 1951.（大久保和郎訳『全体主義の起源』、みすず書房、一九七二年、第二巻六二頁。）

(102) Hans Kohn, *American Nationalism*, New York : Macmilan, 1957, pp. 162–165.

(103) Arthur Marwick ed., *Total War and Social Change*, London : Macmillan, 1988.

(104) Christopher Thorne, *The Issue of War*, London : Hamish Hamilton Ltd., 1985.（市川洋一訳『太平洋戦争とは何だったのか』、草思社、一九八九年、二三五−二三六頁。）

(105) Alonzo Hamby「二〇世紀アメリカの戦争と社会」、小川晃一・石垣博美編『戦争とアメリカ社会』、木鐸社、一九八五年、三四頁。

(106) Jeanine Basinger, *The World War II Combat Film*, New York : Columbia University Press, 1986, pp. 52-53.

(107) Leonald J. Leff, Jerold Simmons, " Wilson : Hollywood Propaganda for World Peace ", *Historical Journal of Film, Radio, and Television*, Vol. 3, No. 1, 1983, p. 13.

(108) Tremaine Mcdowell, *American Studies*, Minneapolis : University of Minneapolis Press, 1948, p. 96.

(109) 名古、前掲書、一八七頁。

(110) ノイマン、前掲書、一四一頁。

(111) Higham, *op. cit*., 1975, p. 220.

(112) Mcdowell, *op. cit*., p. 94.

(113) Snyder, *op. cit*., p. 281.

(114) Hamby、前掲論文、六三頁。

(115) Arther M. Schlesinger Jr., " The Tide is Turning ",（会田弘継訳「大転換前夜のアメリカ」、『世界』一九九二年七月号、二四一頁。）

(116) Morris Schonbach, *Native American Fascism During the 1930s and 1940s*, New York : Garlnad, 1958, p.

253.

(117) 例えば Nalty, *op. cit.* などは、米軍における黒人の歴史を描いたものとして、こうした傾向をよく示している。

(118) Louis Adamic, *A Young American with a Japanese Face*, New York : Harper & Brothers, 1939.（田原正三訳「日本人の顔をした若いアメリカ人」、『汎』一四号、一九八九年、六八頁。）

(119) Martin Luther King, Jr., *Stride Toward Freedom*, New York : Harper & Brothers, 1958.（雪山慶正訳『自由への大いなる歩み』、岩波新書、一九五九年、一八、一一三頁。）

(120) 例えば Bruce White, "The American Army and the Indian", in N. F. Dreisziger (ed.) *op.cit.* ; D'Ann Campbell, *Women at war with America : Private Lives in a patriotic Era*, London : Harvard University Press, 1984. ; Allan Bérubé, *Coming Out Under Fire : The history of Gay men and Women in World War Two*, New York : The Free Press, 1990. などが挙げられる。

(121) 本稿「普遍という名のナショナリズム」は、一九九二年に執筆したものである。当時の日本での関連研究は、本稿で言及したもののほか、本間長世『理念の共和国』（中央公論社、一九七六年）や奥出直人『トランスナショナル・アメリカ』（岩波書店、一九九一年）などがランドルフ・ボーンなどに部分的に言及していることが目についたものの、多いとはいいがたかったと思う。しかしその後、アメリカナイゼーション運動を論じた松本悠子「アメリカ人であること・アメリカ人にすること」（『思想』八八四号、一九九八年二月）などが発表された。また Higham, *op. cit.*, 1975 や Gordon, *op. cit.* は邦訳が出版された（ジョン・ハイアム著、斎藤真・阿部斉・古矢旬訳『自由の女神のもとへ』平凡社、一九九四年およびミルトン・M・ゴードン著、倉田和四生・山本剛郎訳編『アメリカンライフにおける同化理論の諸相』晃洋書房、二〇〇〇年）。

松本悠子論文と本稿の相違としては、アメリカナイゼーション運動（松本は「『アメリカ化』運動」と記述）が、人種隔離や移民排斥と矛盾していなかったと松本が位置付けている点にある。松本は、「『アメリカ化』運動は、人種民族排斥と異なり、移民に働き掛けたという意味でリベラルな運動であったという評価がある」（六一頁）としたうえで、公表されたテキスト上などではそうであっても、実際には人種隔離や移民排斥運動とアメリカナイゼーション運動が重なっていたりすることが少なくなかったことを例証している。

このことは、もっぱら思想面に着目した筆者と、運動の展開を検証した松本の、視点の相違でもある。とはいえ筆者は、松本が指摘したような事態の存在は認めながらも、本稿で筆者が行なった記述にも一定の意義はあると考えたい。

もとより現実は多元的なものであり、一元的な整理図式ではとらえきれない。問題はどのような力点を置いて整理図式を提示するかであるが、松本はアメリカナイゼーション運動と移民排斥の連続性を述べることで、人種主義と結びついたナショナリズムを批判することを意図したものと思う。それに対し筆者が本稿において問題化したのは、人種主義や移民排斥とは切断された形式でもナショナリズムが成立しうること、そしてそのようなナショナリズムが戦争につながりうるということであり、それゆえアメリカナイゼーション運動と移民排斥の相違を強調し、逆に文化多元主義とアメリカナイゼーション運動の連続性を指摘したのである。

とはいえ前述のように、一つの整理図式が現実のすべてをカバーしうるものとは、筆者は考えていない。筆者自身も、本稿では「同化」と「排斥」、別の言葉でいえば「包摂」と「排除」をあえて対立的に描いてあるが、その後に筆者が公表した『〈日本人〉の境界』（新曜社、一九九八年）では、「包摂」と「排除」は境界の設定によって生じる現実の二側面にすぎないと位置付けている。

おそらくいまの筆者が、アメリカナイゼーション運動を描くなら、本稿とは異なったものになるだろう。とはいえ本稿で示した視点もまた、現実の一側面を示してくれていると思う。さまざまな角度から光を当てることが、現実を多面的に眺めることに役立つと考えるからである。

補論　註

(i) アンドリュー・ベースビッチ「保守ではなく左翼　外交への影響懸念」『朝日新聞』二〇〇三年五月二日。

(ii) 「奇妙な思想混合体」『朝日新聞』二〇〇三年五月二日。

(iii) クライド・プレストウィッツ「ネオコンは保守ではない」『中央公論』二〇〇三年一〇月号、一五六、一五四頁。

(iv) ベースビッチ前掲談話。

図版出典

図1～6および表紙カバー　Shaun Aubitz, Gail F. Stern "Americans All!: Ethnic Images in World War I Posters", *Prologue*, Spr. 1987.

図7　Jeanine Basinger, *op. cit.*

図8　*The Japan Times*, Jul. 21, 1992.

あとがき

本書は、筆者が一九九二年から九三年に書いた、二本のアメリカ論を収録したものである。二本の論文のうち、銃規制問題の思想的背景について論じた「市民と武装」は一九九四年に公表しているが、文化多元主義とナショナリズムの関係を検証した「普遍という名のナショナリズム」は未発表草稿である。

筆者はこれまで、近代日本研究の著作を発表してきた。その筆者が、かつてアメリカ論を書いていた経緯について、ここで若干の説明をしておこうと思う。

筆者は大学では理科系の学部で学んでいたので、もともと人文・社会科学系の研究とは縁が薄かった。ところが大学卒業後に出版社に勤めたため、人文・社会科学系の研究者とも付合いがふえ、そうした著作も読むようになった。

出版社の仕事をしていると、原稿依頼のための勉強を重ねているうちに、いつしか自分の「得意分野」のようなものができてくることが多い。そのうちに、何かのきっかけで、自分でも文章を書き始める者もいる。

筆者自身は、研究者やライターになりたいというつもりはあまりなかった。しかし一九九〇年に、当時交流のあった方から、「何か書いてみたら」と他社の編集者を紹介される機会を得た。

それから一九九〇年から九二年にかけて、商業雑誌にペンネームで数篇の原稿を書いた。当時書いていたものは、軍事技術と社会の歴史的関係をテーマとしたもので、その後の筆者の研究テーマとはかなり異なっている。

そうして原稿を書いているうちに、より本格的に研究をしてみたいという気持ちになり、大学院に進学するという選択も考えた。とはいうものの、その段階では、自分が書いていたテーマについて、「何かちがう」と感じていた。大学院生などにありがちなケースだが、「研究」めいたことをやりたいという気持ちのほうが先行していて、自分自身の納得のゆくテーマがあるわけではなかったのである。

その状態が変わったのは、一九九一年の年末だった。仕事の合間に国会図書館に通ってコピーしてきた英文の軍事技術史関係の資料のなかに、第一次大戦中のアメリカにおける戦時公債募集ポスターの記事が混じっていた。その記事で、本書にも掲載した "AMERICANS ALL!" というポスターの図版を見たとき、何かが「つかめた」気がした。それから筆者は、軍事技術史の研究をやめてしまい、別の方向の資料を集め始めた。

大学院の試験にあたっては、卒業論文を提出させて、力量を考査するのが通例である。筆者の大学での卒業論文は植物色素についてのものだったので、社会科学系の大学院を受験するには、新たに論文を執筆する必要があった。そこで一九九二年夏、会社勤めの五日ほどの夏休みに書き下ろしたのが、本書に収録した「普遍という名のナショナリズム」である。人文・社会系の論文の書き方や註のつけ方は習ったことがなかったので、ほとんど見よう見まねで書いたことを覚えている。

大学院受験のために提出したところ、幸いにしてこの論文は好評だった。時期的に湾岸戦争翌年で、この論文のテーマがいわばタイムリーだったことも、好評の一因だったと思う。当時は東京外国語大学にいらした山之内靖氏のように、総力戦体制研究の観点から注目してくださった方もいた。

じつは大学院に入った当初、筆者が考えていた研究プランは、まことに気宇壮大なものだった。まずアメリカ研究については、「普遍という名のナショナリズム」を第一歩として、第一次大戦後からニューディール期、さらには第二次大戦からヴェトナム戦争までの時期にかけて、アメリカにおける国家統合思想や社会科学の展開を追って描き出してゆくことを考えていたのである。さらには、朝鮮・台湾を領土として含む多民族帝国だった時代の日本の民族論を調査して、アメリカにおける「アメリカ人」観との比較検討も考えていた。

ところがしばらく研究を続けるうちに、筆者はアメリカ研究への意欲を失ってしまった。当然の話だが、近代日本の資料は日本の大学図書館などに大量にあり、読解するのにも不自由が少ない。つまり、図書館に通っているうちに、なぜ不自由な思いをしてアメリカの英文資料を収集し読まねばならないのか、疑問になってしまったのである。

そのうえ、研究を続ければ続けるほど、これはアメリカの問題であって、日本に住む自分たちの問題ではないという気がしてきた。アメリカ研究を深くやればやるほど、日本とはおよそ異なるアメリカの文脈がみえてくる。そうしたアメリカ固有の文脈を理解することに意味を見出せばよかったのかもしれないが、筆者はしだいに、当初は比較対象のつもりだった近代日本研究に関心を移していった。

幸いなことに、近代日本研究のほうは順調に進み、修士論文のテーマも日本民族論の系譜に決めた（のちに『単一民族神話の起源』として出版）。こうして、アメリカ研究で得た視点は部分的に近代日本研究に活かしはしたものの、アメリカ研究そのものはしだいに放棄してしまったのである。

そうした過程の途中で、所属していた大学院の専攻科で編集・発行していた紀要雑誌に、論文を発表しないかという話がきた。しかし「普遍という名のナショナリズム」は、雑誌に一挙掲載するには分量が長すぎることもあって、別の論文をアメリカについて書き下ろすことにした。それが本書に収録した「市民と武装」である。

当時は一九九二年の日本留学生射殺事件が人びとの記憶に新しく、アメリカの銃規制問題は、やはりタイムリーなテーマであった。以前に軍事技術の歴史について論考を書いていた蓄積もあったので、アメリカの事例や議論だけでなく、ヨーロッパ史の記述もくわえて論文を完成させた。

この「市民と武装」についていえば、もはや純然たるアメリカ史の論文ともいいがたく、学問分野としてはいささか分類しにくいものになっている。大学院でトレーニングを受ける前から論文を書いていたので、自己流のスタイルが身についてしまっていたのだろう。

しかし当時筆者が大学院生として所属していた専攻科は、領域横断的な研究を歓迎する雰囲気があったので、この論文も概して好評だった。法哲学や社会思想史などの、様々な分野の研究者の方々からも好評をいただけた。少なくとも、「こんなものは学問的論文ではない」といった対応をされた覚えがないのは、研究を始めたばかりの筆者にとって幸いなことだったと思う。

この「市民と武装」は、雑誌『相関社会科学』四号（一九九四年）に掲載された。ところが「普遍という名のナショナリズム」は、筆者が近代日本研究に移行してしまったためと、前述のように分量が雑誌に投稿するには長すぎることなどもあって、そのままずっと机の引出しに放りこんだままになってしまった。

これらの論文をまとめて一冊にするというプランが浮上したのは、二〇〇一年に慶應義塾大学出版会からアプローチがあったときだった。しかし当時は、『〈民主〉と〈愛国〉』の執筆にかかりきりだったので、作業が後回しになり、結局は二〇〇四年になって出版という運びとなった。

今回の刊行にあたっては、なにぶんにも一〇年以上前の論文なので、若干の補論をつけくわえた。本来ならば、執筆時点以降のアメリカ史等の研究状況を精査し、それを反映して本文や註の書き直しを行なうべきかもしれないが、それは現在の筆者の力量を越える作業であるため思いとどまったことを記して、読者にお許しを願いたい。

現在から本書に収録した二本の論文を読むと、細部の詰めが甘いうえ、先行研究の調査が不十分なのが気になるが、一つの着想を大づかみに描ききる勢いは感じられる。絵画でいえば、一筆書きのラフスケッチのような感じである。現在の筆者ならば、同じテーマで書いたとしても、細部を詰めているうちにもっと大部になってしまう可能性が高いし、これほど自由に議論を広げてゆくことにも躊躇してしまうだろう。そうした意味では、学術論文としての出来の如何はともかく、自由な勢いがあるという点で、好感の持てる論文だと思う。

机の引出しに一二年も放置していた論文が、こういうかたちで世の中に出るのは、いささか面映いことでもある。しかしもっと複雑なのは、湾岸戦争後にタイムリーなテーマとして書いたものが、イラク戦争後である現在からみてもタイムリーなものに読めてしまうという点である。人間の愚行というものは、一〇年やそこらでは変わらないものなのかもしれないという気がしてしまう。

しかし愚行を止めるためには、やはりそうした愚行が発生する構造を見きわめることから始めるよりあるまい。本書に収録した拙い論文が、その一助になれば幸いである。
本書所収の論文を書いた時点において、また本書をまとめるにあたって、多くの人びとにお世話になった。感謝したい。

二〇〇四年四月

小熊英二

著者紹介

小熊英二（おぐま・えいじ）
1962年生まれ。1987年東京大学農学部卒業。出版社勤務を経て、1998年東京大学教養学部総合文化研究科国際社会科学専攻大学院博士課程修了。
現在、慶應義塾大学総合政策学部教員。
著書：『単一民族神話の起源』（新曜社、1995年）、『〈日本人〉の境界』（新曜社、1998年）、『インド日記』（新曜社、2000年）、『〈民主〉と〈愛国〉』（新曜社、2002年）、『清水幾太郎』（御茶の水書房、2003年）、『ナショナリティの脱構築』（共著、柏書房、1996年）、『知のモラル』（共著、東京大学出版会、1996年）、『世紀転換期の国際秩序と国民文化の形成』（共著、柏書房、1999年）、『異文化理解の倫理にむけて』（共著、名古屋大学出版会、2000年）、『言語帝国主義とは何か』（共著、藤原書店、2000年）、『近代日本の他者像と自画像』（共著、柏書房、2001年）、『ネイションの軌跡』（共著、新世社、2001年）、A Genealogy of 'Japanese' Self-images (Trans Pacific Press, Melbourne, 2002)、『〈癒し〉のナショナリズム』（共著、慶應義塾大学出版会、2003年）。

市民と武装——アメリカ合衆国における戦争と銃規制

2004年7月10日初版第1刷発行

著　者——小熊英二
発行者——坂上　弘
発行所——慶應義塾大学出版会株式会社
〒 108-8346　東京都港区三田 2-19-30
TEL　〔編集部〕03-3451-0931
〔営業部〕03-3451-3584〈ご注文〉
〃　03-3451-3593
FAX　〔営業部〕03-3451-3122
振替　00190-8-155497
http://www.keio-up.co.jp/
装丁——難波園子
印刷・製本——中央精版印刷株式会社
カバー印刷——株式会社太平印刷社

Printed in Japan ISBN 4-7664-1100-5